Klaus Gasseleder

Dandaradei

BAFF Records

Klaus Gasseleder

Dandaradei

Das Beste aus 30 Jahren
Poetisierens im unterfränkischen Dialekt

Mit einem Nachwort des Verfassers und einem Vorwort von Andreas Sirlinger im Mostviertler Dialekt.

mit Audio-CD
gelesen von Klaus Gasseleder

www.baff-records.com

ISBN: 978-3-947335-00-8

1. Auflage, 2017

Satz, Layout, Umschlaggestaltung: Andreas Sirlinger
Titelbild: Konrad Albert

Druck und Bindung: CPI buchbücher.de GmbH, Birkach
Printed in Germany

Inhaltsverzeichnis

värrds kabiddl

fünfts kabiddl

sechsts kabiddl

siebds kabiddl

Voawoat

I hob im Heabst zwatausndsechzan in da Stodtbücharei in Gerolzhofn, des is åm Rånd van Steigawoid, oiso im Wessdn davo, mea oda weniga zufällich, a Buach van Klaus Gasseleder gseng: „Vom Meefischä unn seinä Fraa". I kumm jo ausn Moustvierdl, aus Niedaösterreich, und I hob des praktisch unmäglich lesn kina, geschweige denn, dass i wos vaståndn häht, obwoi i seid zwatausenddrei in Untafrankn wohn und quasi do daham bin.
I hob den Klaus Gasseleder dån ågrufn und woitn dafia begeistan, dassa des Buach ois Hörbuach bei mir aufnimmt. Zeascht wora va der Idee nit grod begeistat, owa mia håm uns troffn und wos dån im Endeffekt aussakumma is, des hoidn sie jetzt in Händn: Dandaradei!

Da Klaus Gasseleder wü si mit seini Gschichtn und Gedichte, die wosa im fränkischn Dialekt schreibt, ogrenzn va so tüpische Mundoartvoaruateile, vawegn rechte Denkweisn und nationale Ideen und so wos. Er is mea a weng a Linka, so Richtung Gleichheit und Gerechtichkeit. Fia eam is da Dialekt a Mittl, dasa auf die Sochn hizagt, quasi min Finga, die eam auffoin oda nit gfoin, owa a fia des, wosn afoch beschäftigt.
Er bringt de Sochn aufn Punkt und is månchmoi zünisch und bissig, owa dån a wieda liab und echt, und i find er entlarvt mit seini Texte so Sochn wia Verlognheit, gschamig sei, ogstumpft sei, und so ganz noamale oitägliche Sochn, die a jeda irgndwie kennt. Seini Texte bringan an zum Lochn wei ma jo denkt, das ma nit söwa gmaant is, oda wei an des ziemlich bekånt voakummt, oda a quasi aus Mitleid mit de auf wosas ozüt hot, und natürlich a wei ma si söwa drin siacht, vorausgsetzt dasma üwa si söwa lochn kå.

I mecht in Klaus Danke song, dassa si auf des Projekt mit mia eilossn hot und sovü Oaweit einigsteckt und si ågstrengt hot.

Und nochdema mia seini Sochn im Studio quasi voaglesn hot, vasteh i a des Meisti und kå sogoa midlesn.

Liaba Lesa und Hörer, I wünsch eich midn Klaus sein *Bessdn aus dreisg Joa Poetisiern im unterfränkischen Dialekt* vü Freid und bin ma ziemli sicha, dass imma wieda wos Neichs entdeckn weats je meas eich drauf eilossts.

Andreas Sirlinger

Vorwort

Es war im Herbst 2016, als ich in der Stadtbücherei von Gerolzhofen, das am westlichen Rand des Steigerwalds liegt, mehr oder weniger zufällig ein Buch von Klaus Gasseleder aus dem Regal nahm: „Vom Meefischä unn seinä Fraa". Als gebürtiger Mostviertler - das Mostviertel ist das südwestliche Viertel Niederösterreichs - war es mir praktisch unmöglich, diesen Text zu lesen, geschweige denn zu verstehen, auch wenn ich seit 2003 in Unterfranken wohne und lebe und hier sogar ein bisschen zu Hause bin.
So entschied ich, den Herrn Gasseleder anzurufen und wollte ihn dafür begeistern, dieses Buch als Hörbuch herauszubringen. Anfangs wenig begeistert von dieser Idee, war er doch offen, sich mit mir zu treffen und mich kennenzulernen. Was daraus wurde, das halten Sie jetzt in Händen: Dandaradei!

Klaus Gasseleders im „fränkischen" Dialekt verfasste Geschichten und Gedichte zeugen von einem radikal gleichheits- und gerechtigkeitsorientiertem Denken und der

Ablehnung jedweder Heimattümelei und -verliebtheit. Der Dialekt ist für ihn ein Mittel, um mit dem Finger auf das zu zeigen, was ihm auf- und missfällt, aber auch auf das, was ihn beschäftigt.
Auf den Punkt, manchmal zynisch und bissig, dann wieder liebevoll und wahrhaftig, entlarvt er in seinen Texten Verlogenheit, Verschämtheit, Verbohrtheit, Abgestumpftheit, allzu Menschliches und schlichte reale Banalität. Seine Texte lassen einen lachen, weil man sich ja nicht selbst gemeint fühlt oder weil man das genauso kennt wie er es schreibt, aus „Mitleid" mit dem Ziel seines Sarkasmus' und - wenn man über sich selbst lachen kann - aus Erkenntnis über sich selbst.
Ich möchte Klaus Danke sagen dafür, dass er sich auf dieses Projekt eingelassen und sich soviel Arbeit und Mühe gemacht hat.

Jetzt, da er mir die in diesem Buch zusammgefassten Werke im Studio quasi vorgelesen hat, kann ich es großteils verstehen und sogar mitlesen.

So wünsche ich Ihnen, lieber Leser und Hörer, viel Freude beim „Studieren" von Klaus' *Bestem aus 30 Jahren Poetisierens im unterfränkischen Dialekt* und bin mir sicher, Sie werden immer wieder Neues entdecken, je tiefer Sie sich darauf einlassen.

Andreas Sirlinger

ärschds kabiddl

vo ärchendeem, der wo ICH hässt

01

schtammbuch

mei obba iss ausm drendino unn donn in
goraschde in bosnien drundn aufgwochsn
in dar schtadd vollä aschn und bluod -
mei omma iss vou solzburch
dar schtadt vollä mozadd, amis unn jabaonä

ihr ärscht dochdä iss in dirool geborn
die zwädd in laibach in slowenjen drund
die dridd ärscht, mei muddä,
in frankgn

mei annä obba schtammt ausm woldvierdl
droom üwä dä doonau in ösdäreich

ob i jedst ä frank bin
oddä ä bosnier
oddä ä idaljeenä
oddä ä ösdäreichä
oddä dou eefoch
bloos ä mensch?

abschied

wou i jeeds gässlä gekennd habb
unn jeeds gsicht aff dä schtrass,
wo i vou jeedä wärrdschoft die schpeiskaddn
vou oum bis undn
dorchgfrässn kobbd habb
unn unnärä fußbollä
immä nou den gleichn mist zammgschpield ham,
wou i üwäraol bloos mei vägongeheid gedroffn habb
unn kee zukunft,
wou i kee annärä mehr wär habb könn
wie dem franz unn dem annelä ihr *glaus,*
dou issäs höchsdä zeid worn
dass i di kurfn gegraddsd habb.

03

aufbruch

"Wozu sind Wurzeln gut, wenn man sie nicht mitnehmen kann?" gertrude stein

immä, wenn i schpür.
i bin wou dähemm,
wenn i schpann,
dass i wou worzln schlaoch,
donn issäs höchsdä zeid,
dass i mi widdä affm wääch moch.

ä vouchl möcht i sei, wo fliecht,
ä fisch, wo davoo schwimm koo
oddä wenigsdns ä schneggn,
wo ihr schleimschpur ziehd,
abbä ums värreggn
kee baam.

wandärä

wenn i frei hobb,
dreibts mi nein wold
oddä üwä die faldä -
dord laff i aodauänd
voä mär sälwä
davoo.

04

monchmaol

monchmaol drääm i
vou dähemm,
wo i goar nie gwäsn bin,

vom zammäspieln
mid annärä kinnä
mid dä dannäbäddsä
unn die schiffli aus rindn,

vom rumschtreunä
aff dä fäldä und im wold,
vom fischlifongä mid bloosä händ
und vom liedliblaosn
affm oldn kamm,

von nämm weihnaochdn
mid flödnspieln
unn ä gribbn mid hölzänä figuurn,
die wo dä obba nou sälwä gschniddsd hodd,
vou dä ärschtn liewe
droom heubödelä,
vonnäm ärschtn kuss
unn davoo,
wie sä mir ihrs gezeicht hodd
unn i ihr meins.

abbä:

ächndli bin i olläwäll ällens gwäsn,
bin rumkoggd
unn habb mid mä sälwä
schach gspield oddä dibbkigg,
linke hend gechä dä rechdä hend -
on weihnaochdn habb i olläs gricht,
woss affm wunschzeddl gschtanne iss,
abbä i habb mi nedd gedraud,
än freund druff ze schreim
unn ä freundin scho glei goä nedd.

mädli
habb i kenne g'kennd,
weils schlacht gwäsn wär förs lärne
unn affm heuboodn bin i glei goä nedd
medd enne gwäsn
und gschtreichld
habb i neddämaol
mi sälwä.

monchmaol drääm i
vou dahemm,
wo i goä ni gwäsn bin

monchmaol drääm i
vou dähemm,
wou i goä nedd
sei hädd wöll.

bubbädääd

värzeä wor i
und gonz ällens midd meine drääm und hob nix gwissd,
kee aohnung nedd kobbd, kee lääm nedd kennd,
wie's hold daomols so wor.
värzeä wor i
und die mädli worn vo nem annärä schtärn.

so fremd för mi, uuwirgli weid wech, bloos in dä früh:
die babbichn fläggn in dä schlaofaonzuchhousn
und ä drüwe ärinnärung
an gsichdä im draam unn uuscharfe bildä
vou minirögg unn baode-aozüch.

kammä ächndli wos drääm, wos mä im lääm
nedd wärgli no gsänn hodd?
wie sä so aussänn die mädli,
wor ächt no ä fraoch.-
kee foddos hodds gämm ze dä zeid,
wo mäs hädds sä gekönn: nedd im *stern*,
ärscht recht nedd im schuälbuch, unn aa nedd
im kinno, sogoä die filmä ab achtzeä
worn nausgschmissns gäld. -

nur ä boä widds hom's väzäld und monchmaol
hodd ennä aa aogäm: dassä scho ämaol wos gsänn hädd
bei seinärä schwesdä, abbä donn do nedd sou richdi,
voä laudä hoä. - sunsd die händ bloos
im bongknochbä seine hoosädoschn, wenns dungl wor

unn dä bebbo sei filme gezeicht hodd
in biologie: üwä die hirsch und die bienä,
bloos nedd üwä den mensch. -

ällens wor i immä und ällens bin i nein wold, habb
nei die wiesn mi glecht, die sunn affm naggichn bauch.
und warm wor die ärdn, und weich wor des graos,
und dä diddi iss mid dä draudl nüwä die wehr, hamm
sä väzäld, dass dä neidisch hosd wär könn, unn
mir hamm nä bewunnäd und hamm nä aa
nou olläs gegläbbd.

die muddä hodd mä ird doggdäbuch gääm
midd uudeudliche bildä vou mädli bei dä gümnasdigg
und hodd mä donn gsocht, ich solläd maol nochlääs,
und grongk könnd mä wär, unn aff jeedn foll
wär's schlacht för die schuäl - lärn sollsdä, bua
bessä wie mir sollsdäs maol habb -
und sou habb i glärnd die dääch und
vou di mädli gedräämt in dä nächt und
bold a gedräämt vou die mädli die dääch, abbä
glärnd hab i drudsdem, för die schuäl
habb i glärnd - bloos nix
förs lääm.

06

idendidäddsgriese

woss abbä,
wennsdä märgst,
dassdä den rachdn soggn
linksrümm
unn den linkgn soggn
rachtsrümm
aohosd?

06

dess bäggla

du schlebbst dei bäggla mid dä rumm
in dä fremme graod sou wie dähemm.
ä bägglä vollä bildä, gfühle, grüch.
des bäggla zied di nunnä,
wenns'dä graod maol naufgwöllt host,
unn willsdäs amaol wächschmeis
oddä eefoch ärchendwo liechgeloss,
find si beschtimmt ä dummä,
wou där's widdä naochdrächt.

zwädds kabiddl

möchälesfersli

07

die omsl

sog weggd di in da frua di aumschl ni -
(Gerhard Rühm)

ledds woch, wo du bei mär woarst
hodd uns ä omsl gweggd in allä härgoddsfrüh.
do simmä zuännonägegrochn
unn sie hodd uns ä schtändlä gsungä
zä unsärä liewe.
jeddsd wo du widdä furd bisd,
hoddse mi um vierä aufgeweggd,
die omsl,
dess sauviech.

07

samsdaochsliewe

du, i moch di sou gärn -
wenn du samsdichs bei mä bist,
könnd i do glodd vägäss,
dass ummä sechsä
die schpordschau kümmt.

ä glenne liewesballaadn für die schann

(nach'm fillongs franz unnän zechs baul)

im summä wor des graos mordshooch,
do hodds kenn gääm, wo dess so mooch
wie du und i in soddenä naocht,
wie hodd do unnä bluäd gebocht.
du hosd bloos ä weng mei schtirn berührd,
do hob i nix mä um mi gschpürd,
denn um uns rumm do wor die wälld sou färn.
i hob dei roude hoä sou ums värreggn gärn.

den gonzn summä long wor aomds am himml droum
dar mond sou rood unn rood dar aggämohn.
jedds mähn sä's graos, es wälcht die blummäwoä,
schau, wie dä roode mond scho blass wird goä
und hinnä laudä wolgn leuchdn kaam no schtärn,
was kümmäd's uns, woss wor, woss wärrd nou wärrn.
i habb dei roude hoä sou ums värreggn gärn.

du sechsd, das leicht ä kind kumm dääd,
wemmä dei roude hoä nedd widdäschtedd.
roud wie dä mohn und weiß wie schnee
im schpädn härbsd - do könnst leicht geh,
und warüm solls sou bei uns nedd sei,
kumm schleich mä uns neis beddlä nei -
du bleibst im winnä aa mei aacheschtärn
unn wenn nou hunnärd schönrä um mi wärrn.
i hob dei roude hoä so ums värreggn gärn.

09

baralläle möchälesfersli

I

ä nimmä gonz jungä
obbä gonz schö dummä
is ämaol gschprungä
aff ä nimmä gonz jungä
obbä gonz schö dummä
und rauskummä
iss ä gonz ä jungä
dar blähd sei lungä
und blärrd vou hungä.

II

ä zimmli oldä
abbä nou nedd gonz koldä
trifft ä annärä oldä
aa nou nedd koldä
und secht scho bold är:
i häss fei woldä
wie wärs mid uns zwä oldä?

10

dandaradei

(nachm waldä vou die vochlweidn)

unter der linde
auf der heide
da unser zweier bette was
da möget ir vinden
schone beide
gebrochen bluemen unde gras
vor dem walde in einem tal
tandaradei
sang schön die nachtigal ....
(walther von der vogelweide)

unnä dara lindn
middn aff dä wiesn
sidd märs nou heud,
wommä uns sellemaol nougflaggd hamm:
i, mid dä heide -
wemmä genau hiegloddsd:
üwäraol zämadschte blummä, eigedrüggds graos.
gonz schö rummgwörcht hommä sellemaol,
unn wie mä endli eischloff homm wöll,
hinnähar,
do hodds am wold
drund im daol
rummgebläggd wie värrüggd
die nochdigoll, dess dumm viech
medd ärm eewichn
dandaradei.

dridds kabiddl

ässn unn drinkgn

11

schprichwodd

ässn und drinkgn
häld leib und seel zamm
sechd mä -
middärä seel kenn ich mich ja nedd soo aus,
mei leib owä
gedd davoo gonz schö
ausännanä.

12

orchinaol-doon, mid kommendoä

ärschdens:
die wärrdschoft is a gedicht
des ässn is a gedicht
dar wein is a gedicht

dao hosd du heudzedaoch mid deine gedichtli
aus laudä buchschtaom unn wördä
kee schaos mär dageechn

zwäddens
dös ässn iss fei ä gedicht.
besunnäs dar schmarrn

na und:
ä gscheidä schmarrn, wou ä gedicht iss,
iss mä immä nou liewä wie ä gedicht,
wou ä gscheida schmarrn iss.

nachmidaochs in dä weinschtuum

do hoggen die oldn weibä im egglä:
dia baawedd unn die deggla,
die frieda unn die reddl,
die anni unn die käddl,
die lore unn dess dorle,
die greedl unn die marri -
nä di iss heud grongk -
goddseidongk ,
bei där ärm dauändn gschmarri.

draußen im hausgang
schtedd scho des middeloldä,
die hamm heud ärn ausgang:
die beddra unn die moni,
die gärdrud unn die vroni,
die silfia unn die dachma,
die helga unn die maagodd,
die renaode unn die caamen,
d'annelies unn die hannelaor
unn noch ä baor
vou denne damen.

wärd nedd long dauän,
donn wärd die juchend no kummä
die saara, die schteffi, die dennis,
die mileena unn glei zwä mellanis,

die laura unn die mia,
die lena unn die bia,
die iwonn unn die nigoll
donn ist die weischtubb ärscht voll.
unn in ä baor jaohr fängts vu vorn ao:
mid dä anna, dä maria, dä ärna unn frieda,
so weid simma
heudzedaoch scho wi*e*da.

13

biergaddn bei dä drei lindn

die lindnblüdn medd erre brobellä
sechln nei mein subbndellä,
die subbn schmeggt danaoch, ohjee,
wierä lindnblüdndee

naduurwunnä

die bedienung hodd gsaocht
die karbfn wärn ausgongä,
dabei hobb i gedocht
die könnäddn bloos schwimm.

nachtrag:
… unn jetzt säh i se sogoä scho rodfoahr,
bold könne sä
beim driadloon midmoch

Schpeisekaddnboesie

Ächendli bin i zerminnesd in eenä Beziehung ä ächdä Frangk: Wemmä nämli nix annäschts eifälld, denk i ans Assn unn bsunnärs ans frängische. Do longd monchmaol dä Blodds goar nedd zem Affschreim, woss eem do so olläs aufschtöss kao, no bevoä mä middm Assn aofgfongä hadd. Do wärd dä die Doosnsubbn aus dä Dassn särwierd schtodd die sälwä gekochde im Dallä, do griechsdä oft än Schobbn, wou kee Verrdl mehr drin iss, sonnän, wenns guud eigschengd iss, ä Fünftl. Do wärrd dä Zwieflbloods mid Kääs üwäbaggn, wie wenn's ä Bizza wär, dess Kordledd hadd kee Fädd mehr und dä Schweinebraodn kee Grusdn und die Glöss sinn nadürli aus dä Düüdn. Oft kammä ja dem Wärrd nedd ämaol no än Voäwurf moch, weil ar hold kee Omma mehr hadd, wo si för Goddes- unn dä Kundn Dongk no ummäsunst nei die Küch schtelld und die Köch sinn sou deuä, dass mä ums Värreggn kee Schnidsl för sechs Euro fuchzich mehr affm Disch bring konn, wou noch guude fränkgische Oäd aa no üwän Dallärond naushängd. Dabei iss do im Zeichn des Durismus des Fränkgische widdä affm Voämarsch, dess Neufränkgische genauä. Do gibds donn die rusdigaalen Wärrdschoftn mid aogemaoldm Fachwärch unn Bauänmööbl aus Blasdigg, mid holzgschnidsde Winzäfiguurn unn Schpeiskaddn mid aogsengdn Rond, wo laudä so Pfannegerichde mid Doosengemüseilochn druff schtenn. Mässdns kummt donn, bevoä mä dess Assn nei die

Migrowelln schtelld, no ärchend ä Kääs drüwä, dassd kee Mensch mehr sied, woss olläs drunnä iss. Daneem gibds abbä aa no die fürnähme edelfrängische Wärrdschoftn, wo mä den neue Drend zum Olden pflecht und ä fränkgisch Ässn gre/ierd, schtadd eefoch bloos ze kochn. Die Greadividääd vo denne Köch doobd si donn vou ollm im Boedischn aus, wie mä an dä Schpeiskaddn äkenn ko. Do hässd dä Gerupfde ä *»Komposition aus edlem Camembert und Butter mit Zwiebeln garniert«* und die blauä Zipfl wärrn zu *„Fränkische Brat-würste in Essig-Silvaner-Sud"*
Dass i abbä nedd bloos mäggä und nedd sälwä greadif bin, habb i för ä Schlachtbladdn aa scho än Voäschlaoch: *„Dialog zwischem Blut- und Leberwürsten, garniert mit natursaurem Weißkohl in Riesling mit rustikaler Brotbeigabe"*.

14

sunndaochmiddaoch

(dodaol frei nach'm biämanns wolf)

än kooldompf hob i!
ge mä nei die wärrdschoft do nü?
fraa, glodds do maol nei!
iss do no woss frei?

wo hogg mä uns nao?
dord drüüm ze dä fraa?
herr wärrd, bring die kaddn!
i ko nimmä long waddn.

fraa, dreh di maol rum!
wos homm die för a drumm!
da wärrd soll jeddsd kumm!
sunst kumm i nou umm.

moo, wärrd nedd närwös
ä sauarei iss doch dös!!
kumm hogg die do nao!
schau, da kummt ar do scho.

grüssgodd, die härrschoftn,
wos dörf es denn sei? -

meinä fraa schtellns än saft nao,
mir bringens än wei!

donn griech i än schweinsbraodn
abbä schö fädd,
mei fraa griecht es kalbflääsch.
die vädräächt dee sau nedd. -

wenn kummt denn dös frässn?
einen kooldompf hobb ich!
fraa, die homm uns vägässen,
olde, schau nei die küch!

jo gibt's denn so woss aff dä wäld!
fraa, glei wärrd i värügd!
di homm naoch uns ärscht bschtelld
unn ir frassn scho griecht.

jeddsd endli kummt dös,
wärrd abbä aa zeid!
woss, bloos zwää glöös,
herr wärrd, säns nou gscheid!

kumm har, du griechsd meins.
i bin ja sou nedd.
wärrd aa bessä sou sei,
sunsd warscht mä zu fädd.

hosd dein dallä leer gässn?
vou dem deuärä fäessn
do lässd fei nix ü.
kumm, gäb märs scho rü!

kumm gäb märs scho här.
schau, scho issäs scho leer.
liewä den bauch värrengd
wie än wärrd woss gschengd! -

sou, dä ranzn is voll.
die housn zwiggd doll.
mei godd, bin i fädd! -
jeddsd bräucht i mei bedd!

15

kellä aff dä höh bei bambärch

i sitz ällens an meim disch,
voä mir mei buch und ä seidlä biä,
um mi rum olläs vollä leud.
i dringk und läs aa weng,
immä abwechselnd,
unn donn schau i naus, weid naus
bis ze dä aldnburch und dä kirchdürm
vou bambärch.
fünfafuchzich ruft a männliche schtimm
sechsäfuchzich, siemäfuchzich -
i dringk und lääs unn schau unn sinnier
immä mehr leud kummä unn frochn,
ob sä si wou dazu sedds könn.
mich fröcht kennä, i bin ja ä fremmer
mid meim buch affm disch.

dreiäsibbzich rufts ausm schaoldä, *vieräsibbzich* unn donn
ä wenglä laudä: sechsäfuchzich -
dar wird hold aa nimmä nüchdärn sei
deng i mär unn dringk und läs unn sinnier
unn bläddä rumm unn schau
aff dess zeddelä, wou mä läsäzeichn iss
sechsäfuchzich schtedd dord druff:
mei schpeziaol:
zwetschgebammes unn zieweleskääs.

bedienung

ach läff do nedd ollford an mä vobbei
midd deim waggl-ärschlä
ach schau mi do nedd jeeds maol dabei sou aa
mid deine kuhaachn
ach lach mä do nedd ollford so neis gsicht
midd deim madonnälächln -
i dringk dessdewächn aa keen zwäddn kaffee
und du bringst mä do aa nix annäschds,
wie dess, wo aff dä kaddn schtedd

Serwiss

die bedienung,
die wo serwierd,
iss ä weng reserwierd,
weil i mi annän disch nao hogg,
wou reserwierd iss.

16

ausfluuchswärrdschoft

eemaol im joahr kummi hi
und säh:
des döchderlä, wie's mid dä bubbn spield
am wärrdshausdisch
dess döcherlä, wie's an dä muddä ärn roggzipfl hängd
wenn die bediend
dess döchderlä, wie sä dem schtammgast des bier
nausdraoch dörf
dess döchderlä, wie sä die beschtellung vom assn
aufnimmd
dess döchderlä, wie sie die rachnung kassiert
dess döchderlä, wie sie dem koch
schönne aachn mechd. -
es beschtedd hoffnung
dass die wärrdschofd
sou bold nedd zumecht.

17

idendidääd in dä wärrdschoft

wie die bedienung medd äm
dellä in dä händ ruft:
„das schwein?"
schreid glei ennä: „ich!"

17

rüggfadd vom dunnärschdorfä weinfäst

ob i abbä üwä unnäreuähemm
oddä abbä üwwä owäreuähemm
oddä abbä übbähabbd nedd hemm
kumm - des wäss kee sau

18

fäddäleesn

feddäweisä
feddäroodä
hinnahaar:
feddäblau

18

fäddäweißä

schon widdä ä jaohr rümm
dä kubf ärinnerd sie beim ärschdn schlugg,
abbä dä darm muss si
jeeds jaohr ärschd widdä
drao gewöön.

18

zwieflbloods im sebdembä

gonz väsunnä
hogg i am brunnä
und wärch'n nunnä:
mein ärschdn bloods.

abt-dechn-wääch bei zeil

aff ollen wächn
schtedd dar Abd Dechn.
dar is noch Ebroch kummä
unn hoddn silfanä erfunnä.

wenn ollä pfaffn herniedn
daadn sou sechnsreich wirchn
machäd i glei mein friedn
mid dä kadoolischä kirchn.

20

eilaodung

mir sinn eigeloadn worn,
mir laodn uns neis audo,
mir laodn uns ausäm audo,
mir laodn kaffee unn kuchn nei uns nei,
mir laodn uns widdä neis audo,
mir laodn uns dähemm widdä ausm audo,
mir laodn den kaffee unn kuchn
widdä aus uns naus.

21

gereimde idülle

midd meim frühschtüggsbrood
freß i dess cadmium
in dä marmelaod
sinn gschpridsde ärdbeern drin
mei gsundä milch
kummd vonarä geimpfdn kuh
wenns nou so weidägedd
hodd mei seel bold ruh

konsägwenz

ä schtügglä braodn
ä worschtbrood
ä weng ä gmörs
unn ä bier
hommä immä glongd
zem glügglichsei

do hobb i im bläddlä gläsn
dass die säu gschpridst wärn mid benezilien
do hobb i kee fläsch mär gemöchd

donn hobb i glässn
dass die wörscht vollä nidridd sinn
do hobb i mä ke worscht mä gekäfft

wie i gläsn hobb
dass dess gmörs mid cadmium gedüngd iss
hob i än grossn boochn drumm rumm gmochd

heud läs i im bläddlä
dass nidrosamiene im Bier drinnä sinn

jeddsd hobb i däs bläddlä abbschtellt

Die Fadd neis Blaue

Ä Hööäschpiel

Herr Georg Seufert und seine Gemahlin Erna haben beschlossen, an einer „Fahrt ins Blaue" teilzunehmen. Soeben hat der Bus den Stadtrand erreicht. Wir belauschen ein wenig die Gespräche des ein wenig älteren und auch ein wenig rundlichen fränkischen Ehepaares.

MOO: Erna, schau mal dou naus, ach jeddsd hasd däss väbassd. Da war graod die Wärrdschofd drüüm, wo mä sellemaol die grossä Schnidsl grichd hamm, wo hüüm unn drüüm üwän Dalla naus gkengd sinn.
FRAA: Dess häddsdä ma aa ehrär saoch gemüss, ich habb do dao graod gschaud, ob i die Bröödä eigeboggd habb. Hoffendlich hosdädä jeddsd gemärgd, wou dess genau waor, dass mä dess nächsde maol nedd widdä drao vobei faohrn.
MOO: So schlimm wor dess ja sellemaol aa nedd gwäsn, sinn mä hold nach Dings kummä, wie hässdn dess bloos? Wässd scho, wou's die safdichn Ribbli gääm hadd.
FRAA: Safdi worn sä scho, abbä glee worn se, dess mussdä fei zugäbb, da wärn die Schnidsl scho woss annerschds gwäsn. - Abbä, wenn mä aff därä Schtrass weidä faohrn, müßd mä glei an dä Wärrdschofd vobei kümm, wo's den Schweinäbraodn gähm hodd mid dä drei selbägemochdä Glöss.

MOO: Solchene Glöss bringsd nedd ämaol du zamm. Do drääm i bis heud noch jeede Nochd davoo.
FRAA: Ja, wer mechd'n aa schoo heudzedaoch die Glöss nou salwa, wo's olläs in dä Bäggli ... awwä däuscht du di dao nedd? I habb gemeend, die Wärrdschoft waor ganz wo annäschdä, dao homm mä dou voähär nou die Bauänbroodzeid gassn in dem glennä Dingsdoo-Schtüblä. Mennsdä mä falläd dä Naomä ei, ja mei Gedächdnis, abbä an dä Worscht konn i mi nou gonz genau dro ärinnä.
MOO: Ja, schau dou naus, dou kümmt ä scho, Broodzeidschtüblä hässd's, jeddsd müssd aa glei des Dorf mid dennä Glöss kümm.
FRAA: Ja, jeddsd wäss i's aa widdä; hasd dä de gemärgd, wenn die Ruhedaoch homm, nedd dass mä widdä ummäsunsd des ganzä Benzien väfaohrn und mä griechn donn doch kee selwä gemochdä Glöss.
MOO: Na die annerä Wärrdschoft in dem Kaff war ja aa nedd schlachd.
FRAA: Nix gechä denne ir Flääsch, abbä Glöss aus dä Baggung, da issäs bei mir scho aus. An dä Glöss sollsä die Wärrdschoftn erkenn, souch i dä.
MOO: Du, Erna, wass meensdn, wou mä ächendli heud unnä Middaoch mochn? Hoffendli nedd widdä in därrä Wärrdschofd mid dem Reidschtall. I habb die heud nou in Vädochd, daß mei Sauäbraodn vonnäm Gaul waor. - Wemmä dao widdä nou genn, faor i fei es ledsdä maol mid dennä neis Blauä.

FRAA: Übbähabbds: rümmkudschier könne se een ja, wohii sä wölln, bloss wosses zem Assn geid, könndn sä een schou voähär soch, dass mä wäss, ob sich's rendierd, dass mä übbähabbd middfährd.
MOO: Du, Erna, wässdä woss, i habb fei Hungä, möchd' wiss, wohar dar scho widdä kümmd.
FRAA: Na zemm Glügg habb i genuch dabei, dass dä mär nedd vähungäsd unnäwägs.
MOO: Än Momend nou, schau, do drüüm, do gedd die Schtrass nauf dä Bärchwärrdschoffd, wou sä dess guede Graud homm, da hädd i ächendli än Abedidd druff. - Schofför, rachds ab!- dar Deifi höörd widdä nix, di könndn aa eemool aff de Wünsch vou di Faohrgäsd ä weng Rüggsichd nämm und nedd immä bloos schtuur neis Blaue nei faohr.
FRAA: Wascheins färd ä jeddsd widdä zä sou ä oldä Kerch nou.
MOO: Bloos dess nedd! Bei dem Glosdä neuli aff unnäm Bedriebsausfluuch - dess habb i där ja väzäld - Menschnmassn soch ich där, gschlochene zwanzich Minuddn hassdä an dem Braodwörschtschtand di aoschtell könn - und donn worn sä aa nou väbrönnd.
FRAA: Dass dou die Leud aa immä widdä naogehn, bloos weil denne är Kärch berüümd iss.
MOO: Dabei waor dess Assn dordn gaor nix berüümds.
FRAA: Du, Schorsch, jeddsd fährd dä aa nou nunnä in dess Dorf, wou mä daomools sou'n Hungä kobbd homm und dann waor doäd bloos ee Wärrdschoft, unn dao waor aa nou ä Griech druff mid seim Gie-Ross.

MOO: Dafüür hommä donn abbä nochäd nou ä schönne Wärrdschoft enddeggd, wou mä den guudn Rehbraodn griechd homm. Dao könnd mä aa widdä maol naofaohr, wenn i när den Wach nou wisserd.
FRAA: Dess iss dou nedd schwer. Do faohr mä dao bei dem Griech rachds ab, donn gedds sou zwä Kilomeedä graod aus, donn kümmd die Mühl, wou mä sellämool nei gschaud homm. Midd laudä suo Kärzn und aufgschtelldä Serfidnn und solchä Grämbf för die bessän Leud. Unn vou dao nou ee Dorf weidä, dou müssds gwäsn sei.
MOO: Ja, jeddsd wäss i's widdä, ennä vou dä besdn Rehbraodn in meim ganzä Laäm, unn dei Hirschraguu waor ja aa eiwondfrei.
FRAA: Mir waor's hold ä bisslä druggn, abbä mir könnäs ja noumaol brobiä.
MOO: Du, i gläbb, dou drüüm, wo mä graod voäbei gfaohrn sinn, iss jeddsd a neue Wärrdschofd, dao schtenn a Haufn Audos dordn. Dao müss mä nächsdn Sunndi maol nao foor. Iss do gued, dass mä die Bussfadd midgemochd homm, da sied ma dou ab und zu no maol woss Neus.
FRAA: Ja, in darre Gech'nd waorn mä schoo long nimmä, seid dess Kafee aff dä Höh zugemochd hodd. Schaod drumm, die homm den besdn Kääskuch'n weid und breid kobbd.
MOO: Die Leud wiss'n hold nimmä, woss gued iss, Haubdsaoch: Bommfridds midd Kädschabb. - Jeddsd bogg hold maol dei Bröödä aus.

FRAA: Glei, schau,- Jeddsd biechd'ä do scho widdä obb, ich hädd dou säh möch, ob des Kaffe velleichd dou widdä aufgemaochd hodd. Obbä duo drundn müssd des glenne Dorf sei, wie hässdns no?
MOO: I wäss scho, dä Schwazzä Aodlä iss dordn, dar midd seinä Bauänbraodwörscht - du, dou könnd mä ächndli hold.
FRAA: Awwä a Broodzeid wor do gaor nedd eigeblaond, drum habb ich dou aa die Brööder midgenummä. Ass mä hold ä weng, wemmä nedd wissn, wossäs donn geid.

Sie essen eine Weile vor sich hin, ohne aus dem Fenster zu sehen.

MOO: Dess hodd gued gedaon. - Schau, Olde, jedds biechdä schou widdä ab. Du, i habb än furchdbaorn Vädaochd. - Ja, dao undn iss dess grossä Schloss. In darre Wärrdschofd wor mä bei unnän voälädsdn Bedriebsausfluuch. Dao hosdä ä Schtund affs Assn ward könn, unn donn waor's kold und hodd hind und vurn nedd gelongd. Ja, dess issäs, glei beim Eigaong vou dem Schlosshof iss die Wärrdschoft.

REISEBEGLEITER: *Meine sehr verehrten Damen und Herren. Wir machen nun eine Pause am sehenswerten Schloss Rabenstein, dem Kleinod des fränkischen Rokoko. Sie haben Gelegenheit an einer einstündigen Führung teilzunehmen. Danach treffen wir uns in der Schlossgaststätte zum Mittagessen.*

FRAA: Oogoddägodd
MOO: Mit dem *Kleinod* hodd ä ja ärchendwie rachd. Glee worn sä scho die Schnidsel unn old aa.
FRAA: Könnd' dennä nedd ämool wos annerschds eifoll. Fünf Kilomeeder weidä, do wär där Roode Ochs gwässn, die homm dou sellemool den zordn Kalbsniernbraodn kobbd.
MOO: Nää, abbä nei dä Schlosswärrdschoft müssn se, wou do jeeds wäss, dass die des bloos ausnüdsn, dass die Leud des Schloss aoglodds wölln. Dou müss'n sä si beim Ässn kee Müh mehr gäbb. Kuldurbanausn sinn do dess.
FRAA: Dess nechsdä Maol loss mä die ällenns neis Blaue faohr und nemmä unsän eichene Karrn, do iss mä wenigsdns sichä, dass mä woss griechd, wo mä si druff fräää ko.
MOO: Übrichns, Erna, woss hossdn dä denn ächndli för heud Aomd sou geblaont? - zem Assn meen i hold.

värrds kabiddl

wie die fesdli folln

24

neujaohr

a neus daochebuch aogfongä
on dreikönich scho gemergd
dass ollä däach
äs selwä drinnschteddd

24

dreikönich

in dä biebl sinn gschenkli verdääld worn
wo die drei könich selwä gebrochd hom
amazon hodds nou nedd gääm
unn dä härmes war a godd
vou die kongurrenz

24

karfreidaoch voä longä zeid

im radio ummä dreiä:
ee schtund long: fungkschtille -
dess woar mä fei immä
mei liebsde sendung

24

muddädaoch

des gonze jaohr über hassdä gschafft
gwaoschn unn gebüchld
unn schtingiche soggn gschtopft
ganz rau sinn dei händ worn
vom viele kochn unn schpüln

heud dörfsdä die ämaol ausruh
do moch *i* des bisslä haushold
glei koch i uns än kaffe
unn nachhar ze middaoch
ge mei nei die wärrdschoft zum assn
unn för deinä rauä händ
käff i da morchn nou a greem
unn ä baor henschich aus gummi

24

himmlfadd

noch dä fünfdn maos
hörsdä
die engeli sing

24

weinfest wein fest

des brauchsdä mä goar nedd ärscht ze sochn
dess moch i sowisso
wenn i bloos die mussich hör.

24

ärndedonkfäst

früü donk mä ollä godd
förs ässn unn drinkgn
middaochs, wenns im bauch zwiggt
väfluch märs

24

hällowien

sie schtenn an dä düür:
„süß oddä sauä?“
i will äre wosss gueds duu unn
gebb ärä mei besdä essichgurchn
ausm küülschrank.
da waorn die fei sauä,
kann i dä saoch.

24

weihnochdsbescherung 2016

ausdausch vou kalennä
midd selwä gegnibsde foddos
ausm werglichn familjenlääm.
aofängds midd dä bildä
vou dä weihnachtsbescheerung 2015,
wo sä ollä nei die kameras laochn
unn än kalennä in dä händ holdn,
mid foddos ausm jaohr 2014.

fünfts kabiddl

fränkgisches, allzu fränkgisches

25

woss iss dä frank?

woss iss dä frank?
ä holzgschniddsdä winzä
medderä kabbn
ä vollä huggn
unn än väsuffänä zinkgn
im väschmiddsn gsicht
ä bäuälä
meddäre kabbn
ä haggn affm buggl
unn än zäfurchtn
abbä donkboän und
zäfriedenä gsicht
ä geisdlichä herr
med nix affm buggl
abbä än mords drumm ronzn
unn roodä bäggli
unn ä weiglaos
in dä händ -
schau nei dä kalännä
dä fränkgischä büchli
oddä aff die wärrdschoftsbildä
unn die maagdfiguurn
do findsdä die ollä
bloos:
glodds nedd nein schpiechl

26

fränkgisch wöddabuch

Die Grenzen meiner Sprache sind die Grenzen meiner Welt.
(Wittgenstein)

vähau
väbrüchl
väglopf
vädresch
väsool
vämöbel
väschwadd

förs schtreichln
unn 's zärdli sei
gibds long nedd sou viel wördä
in unnärä sprach

27

fränkgisch wöddabuch (2)

nauf unn nunnä
rü unn nü
kreuz unn quer
hinnärüggs
unn voäderschich
schtreggsdälängs unn
bridschäbrääd
    schreibs noumaol hi
    hörs noumaol ao
bold issäs dafür aa zä schpäd

fränkgische ordografie

dä baggä baggt dess bageed
dä bägga bäggt dess bagedd
wenn dä bägga dess bageed baggädd
baggäd desdäwäächn dä baggä no long kee bagedd
wenn abbä da bägga den gonzn daoch die bagedd
nei bageede baggärd
brauchärd dä baggä bold än baggä
wo die bageede zammbaggäd

Die fränkgischde Familje

... ächndli wär i ja oft fälschlichäweis ols ä Exbärde förs Fränkgische aogsänn, bloos weil i monchmaol woss aff Fränkgisch hischreib. Abbä wie i gläsn habb, dass do so eens vou die neuen Radiosendä die fränkgischde Familje sücht, hobb i mä üwälecht, wie die jeddsd bloos ausschau müssd.

Mussä jeddsd kadoolisch sei oddä edzädla efangelisch, muss sä *ollmecht* soch oddä *Dunnäkeilä*, muss dä Vaddä Wei sauf oddä Biä? Aff jeedn Foll muss dä Moo des Gald vädien unn die Fraa den Haushold moch, mä hodd zwää oddä drei Kinnä, ä glenns Gärdlä unnän bissichn Köödä, dä Moo gedd eemaol die Woch zum Schaofkopfn unn eemaol zem Schtammdisch, die Fraa zum Kinnägaddn-Dreffn unn zär Gümmnasdich, am Samsdi wärrd die Schtrass gekehrd unn danaoch gebaod, am Sunndich gedds nei dä Kärch, donn geids

Glöss unn Fläsch unn korz bevoä mä bloddsd, secht mä nou: *Liewä den Bauch värengd.* Danoch haud si dä Moo nein Kaohn unn die Fraa schpülds Gschärr unn donn gedd mä ä wenglä voä die Düür, damidd im Bauch widdä Blodds iss förn Kaffe unnän Kuchn. Donn schaud dä Moo Schpord unn die Fraa mechts Aomdässn, danaoch gloddsd mä nou ä weng färn unn isst ä boä Dschibbs dabei, unn wenn dä ärscht voäm Färnsähä äs Schnarchn aofängd, gedds nein Kaohn. Wemmä die Familje frööcht, ob sä glüggli wärn, secht sä, dass mä *soweid gonz zäfriedn* iss, aa, wemmä ächndli nou gärn *dess oddä dess* moch wölläd, abbä *olläs kammä hold aa nedd hobb im Laam.*

Unn weil mä ols ä guede Frank nedd üwwädreib dörf, hör i aa jeddsd auf mid meinä Beschreibung, abbä, wenn Sä sou a Familje kennä, donn könne Sä se fei voäschlaoch för die „Fränkgischde Familje“, abbä dess enne soch sä denne glei: Sä dörfn sich hold kee gross Hoffnung affm Breis gemoch, weil die Kongurenz zimmli gross iss.

29

schogg

i läs in dä zeitung aus hamburg
die schlachzeiln: *Schock für Franken.*
der schregg läßt abbä glei noach,
es gedd bloos um die schweiz

fränkgischä kuldurkonsum

„du gessd heud nein deodä?
wo du do sunsd nur in dä wärddschoft rummhoggsd“-
„ja, heud schpieln sä endli mol woss för mich:
vom schäägsbiä
maoß för maoß“

30

gedicht für dess *edzeddla-festifäl* in burchbärnem im jaohr 2016

in meine schpraoch,
do gibts kee *edzäddlä.*
des hörd si för uns gonz folglorisdisch ao
wie die baiern ihr *oachkaddslschwoaf*

aff unnäm disch do gibds kee *schäufäla,*
wo mä in uns neischaufln däädn
unn mä ässn zem wein unnärn *gerubfdn*
unn kenn bairisch eigfärbten *oobadzdn*

unn woss um ollä weld denn *allmechd* häss soll,
wou mä ols sogaor im radjo hörd.
dess hodd bis voä korzn bei uns kee mensch gekennt.

unn übähabbds, wemä a gemeinsams frankgn häddn,
dou wärn dä nörmbärchä för uns unnäfrankgn dess,
woss für uns frankgn heud
die münchnä sinn.
obbä dess hässt nedd, dass i mid *leib und seel* jeddsd
ä unnäfrank wär.
i bin übähabbd kee frank mit *leib und seel*
mid *leib und seel*,
do bin i nämmli
indäkuldureel.

31

galerie unnäfränkgischer infalieden

(ganz frei nachm Ingo Insterburg)

i kenn een aus schweinfurt
bei deem is scho längst ä bein furd
i kenn een aus raafeld
bei dem a schon ä baa feld
i kenn een aus woldsachsn
demm fäld aa sei hachsn
i kenn een aus schwaam
dem fäld dar gonzä aam
i kenn een aus schonunge
dem fäld di holwä lunge
i kenn een aus löfflschtärz
dar hod ä künstlichs härz
i kenn een aus wernegg
dem iss des holwä hern wegg
i keen een aus wipfeld
dem sei holwä zipf fäld
unn so weidä, unn sou furd.

32

Griechäles schpieln

Ächndli bin i mär so ziemli sichä, dass mä im *Ogdoobä* kenn Fasching hamm, und so habb i aa glei gspannd, dass die Männä mid erä braun aogschmiäde Gsichdä und dä grüebraune Gläädä, wou i neuli im Schteichäwold gedroffn habb, echde Soldaodn sei müssn, die wou im Wold graod widdä ämaol Griechäles spiel dörfn. Wieri donn nähä kummä bin, unn eenä si glei midd seim Gewehr voä mä aufgpflanzt hadd, habb i när gfröcht, ob ar denn Bilz süch rdääd im Wold, wo's do heuä so viel davoo gibd.
Do hodd dar abbä do gladd gsocht, dass ar än Aufdraoch ze äfülln hädd, unn wie i nä gfröcht hab, waffä Aufdraoch dess denn wär, hadd ar gsocht, er söllert uns vädeidich. Weil i abbä goä nedd gemärgd kobbt habb, dass mir enns woss du hodd wöll, habb i mi gonz väschroggn rumgedraad, abbä zem Glügg kenn gsänn, wo hinnä mir här wär, bloos no mehr vou denne braungrüüne Leud.
Drum habb i när schließli gfröcht, gechä wen är mi denn vädeidich will, wo dou goar kenne do wärn, wou mär woss du wölln. Do hadd ar gsocht, so viel ar väschtannä hodd, solläd ar mi geche den Feind im innän vädeidich.
Aha, habb i mär gedocht, dess könnärd scho ehrä sei, vo demm hadd aa ledst Sunndi dä Pfarrä in dar Kerch gebreddicht. Und donn bin i in mi gongä, und habb'n do wärgli gfunnä, mein Feind im Innän, dess hässd, zwä

Schtügg worn's sogoä: ärschtens die Faulheid, wo mir aodauänd secht, wi schö mär's ächndli habb könnd, wemmä eefach dauänd drausn im Wold rummläff könnd, anschtadd Gschichtli äfinn ze müssn, und dä zwädd hadd mä väraodn, wie guod heuä da Fäddäweisn widdä schmeggd. So habb i zwä innärä Feind idendifiziert und habb des aa glei pflichtgemääs dem Soldaod gemeld, damid ar mi dageechn vädeidich konn. Abbä dar hadd bloos ä weng dumm aus dä Wäsch gschaud und gemeend, dass ar ärscht in dä Grundausbildung wäär und ärscht sein Unnäoffizier fröch müssd, wi mär so ebbes mecht. Do, sou long habb i mi nedd aufhold gewöllt, sonnän habb mi schö bedongd unn bin gemüüdli mid meinä zwä innää Feind nauf die Schtollburch maschierd unn habb mä ä boar Schöbbli Fäddaweisn gegönnd, unn dabei iss mä sogoä no des Gschichtlä eigfolln.

sechsts kabiddl

hobb, hobb

33

idendidäädsbrobleeme vou die audofoahrä oddä: „i schtee dao drüüm“

affm baagbladds
habb i lang nedd gwissd
wo i denn schteh
dann hab i mi gfunnä
hab mi affgschlossn
bin nei mä nei gschtiechn
bin in mä hemmgfaohrn
bin aus mä ausgschtiechn
bin nauf mei wohnung gongä
hob ausm fensdä naus gschaud
unn hobb märs dessmaol genau gemärgt
wo i denn schteh.

34

schprichwördli

wos mä nedd im kupf hadd
muss mä in dä bee habb
hodd är immä gsocht
und iss affs gaosbedaol gschtiechn

35

goddesgaddn am obärn mee

middn dorch seim goddesgaddn:
ä goddesgaddn-audobaohn
unn ä goddesgadden-i-ze-ee-drassn
godd scheinds dordn wergli
eilich ze hamm -
dafür abbä ä mords umwääch
för wanderä unn aa för seinä bilchä
nüber noch verzeheilichn.

36

Unnä liebsdä Urlaubsord

Ächndli hädd i mein Nachbaor goar nedd fröch gemüssd, wo är in seim Urlaub nougfaohrn iss, weil mä sowisso glaor wor, dassä wie jeeds Jaohr unnärn weidaus beliebdesdn Urlaubsord aufgsücht hadd, den Schtau nämli. Närchends, nedd ämaol in Mallorga oddä am Kalderä See väsammln si sou viele Deudsche aff eem Haufn wie im Schtau auf dä Audobaohn. Drumm denk i mär aa, dass dess för viele Leud dä ideale Urlaubsord iss, weil sä sunsd nedd jeeds Jaohr zwäämaol dord nao foahr däädn.
Freili iss mär dord räumli ä weng eigschrängd, voä ollem beim Schlaffn, abbä daför hadd mä ja dann widdä Zeid genuch, wemmä widdä dähemm iss. Aussädeem hadd des Üwänochtn im Schtau den grossn Voädääl, dass mä in seine eichenä vier Wänd iss unn mä si nedd

üwä fremme Hodällbeddn ärchä muss. Dess Ässn im Schtau iss aa reladief billich, weil mä si scho dähemm mid Bröödä unn Dschibbs eidegg konn, unn wenn's widdä maol so richdi hääs iss, kammä si aa ämaol sei Schpiechl-Ei aff dä Kühlähaum braod.
Ä glenns Brobleem schtelln höchsdns die sanidäären Vähäldnisse dar, abbä dou habb i ärscht leddsd Woch glääsn, dass jeddsd sou ä Drichdä affm Maagd kummä iss, wo mä zemmnäscht sei glennä Gschäftli uu-auffällich im Audo värricht kou.
Ä Unnäholdung hadd mä aa immä, unn aussädeem drifft mä aa Leud genuch, midd denne mä si immä widdä üwä die Voäzüch vo seim Urlaubsord unnähold kou, unn aa die Kinnä finnä immä wen zum Schpieln, unn monchä Leud hamm im Schtau scho Freund-schaoftn förs Lääm gschlossen unn si glei förs nächsd Jaohr widdä dord väabredd. Unn sogoar die, wo kee Londkaddn lääs könnä, könnä si nedd väfoar, weil neuädings dä Schtau aa affm Nawwi kümmt.

37

Gschwindichkeit

Ächendli gkörn mir Frankgn ja ehrä ze dä langsaomere Zeidgenossn im Lond, wos jeedä beschtäädich kann, dar wou mol ä Zeidlong wo annäschdä gwääsn iss, abbä dess is ja nedd ämaol des Schlachdesde. Drudsdem gild mä ja heudzedaoch sogoar bei uns glei för ä weng be-

schrängd, wemmä's ä bisslä langsamä habb möcht, dabei will mä ja bloos ä weng längä genies.
Am Baohnhof hamm sä neuli gonz schö dumm aus dä Wäsch gschaud, wie i am Scholdä nedd noch dä schnellsdn, sonnän noch dä longsomsdn Väbindung noch Norddeudschlond gfröcht habb, wos ja in dä Rechl aa no die billichsde iss. Dess ko i ächendli ja nedd gonz väschtee, wenn i bloos dro denk, wie mä ols Kinnä affm Volksfesd uns immä gfrääd hamm, wemmä förs gleiche Gald no ä Rundn mehr affm Karusell dreh habb gedörft; unn jeddsd blöddsli soll mä mehr zaohl, wemmä körzä fährd. Dabei sied do kee Mensch in denne schnälle Züüch mehr woss vou di gonz Gechend als wie Dunälls unn Baohndämm unn Lärmschudswend. Üwähabbd iss die Schnellichkeid eens vou di grössdn Üwl in unnärä Zeid, ob si die Leud desdäwächn jeddsd middm Audo es Härn neirennä unn mehr Benzin oddä Kärosin väbrauchn oddä ob sä desdäwechn mehr Audobaohne unn Schnellbaohndrassn baun unn daför Naduur väbrauchn, die Umweld iss immä die Leiddraochende va derä Gschwindichkeitssucht.
Do fröch i mi bloos, woss die Leud donn mid däre gonzn eigschpaorde Zeid ächndli mochn. Dreimaol dörfs dä raod. Vädreib dunn sä se. Bloos die Zeid lässd si ächndli goä nedd vädreib unn gedd gonz eefoch, ohnä uns ze fröchn, vobbei, unn je schnallä mir lääm, dessdo wenichä griechn märs midd, unn wenns donn ämaol naus dä Nüss gedd, märgd monchä ärscht, dass ar goar nedd geläbd hadd.

siebds kabiddl

aud-doa in dä na-duur

38

neue heimadd

olläs hom sä graod gmochd
unn glodd gschniddn
sauwä unn akuraad
iss unnä schtadd worn
wie gschniechld unn gebüchld
die blädds die aolochn
dess mee-ufä, die häusli unn gassn
wie graod müssn sä dao
die leud gmochd hamm
dassä si dordn nou
wohlfühln

39

bahnschteich sechs, hauptbaohof

zich daum
biggn am baohnschteicch
resdli vou bizza
samst babbädeggl
vou bommes und kädschabb unn
die zalaodbläddädegorazion vou
die döönä
bloos die kibbn
vou die zigareddn
bleim liechn -
gsundheitsbewusst
sinn se scho
die daum

mondaufgang, boedisch

ä vollä gelbe mond schteichd hinnä dä hüchl nauf,
unn gläddärd zwische dä wolgn rum.
unnä nei, oom naus,
unn es leuchdn die rändä:
laudä zoddichä fellä
vou dä himmelsbädsä.

40

schädling

die öpflspinnä im baam
solln aa läbb
aa wenns dem baam nedd gued dudd

die wörmä im aopfl
solln aa läbb
aa wenn öpfl
midd fleisch-eilaoch
uns nimmä schmeggn

nüddsli oddä schädli?
fröcht die naduur nedd

dess fröcht bloos da mensch
anschtadd sie eemaol ze fröchn
ze waffenä sordn
ar denn sälwä körd

öpflbaamfilosofie

dar öpflblüdnschtechä
die öpfldriebmoddn
die öpflbladdlaus
dar öpflwigglä
schönne gäsd simmä fei dess,
wou är eichene wärrd
zammfressn.

abbä do gibd's ja aa:
mariäkäfäli,
die wou die bladdläus fressn
vöcheli, die wou
die öpflwigglä fressn
unn dem nochbao sei emil,
dar, wou die öpfl frissd
midsamsd dä wörmä. -

frässn unn gfrässn wärn
sou isse hold
die naduur.

achts kabiddl

ei-die (IT) neue zeid

42

hägga

alaamgloggn schrilnn
in dä frängischn winzädörfe
die *än-äs-ää* unn dar *be-än-dee*
wolln sie zammdu
gechä die hägga

42

muldidaasking

muldidaasking mach i scho eewich
warümm liechärdn sunst aff meim gloo
immä büchli zemm läsn

42

kommunikazion

schmeiß dess händi
an die wänd hi
unn schau *mi* ao
i bin aa no dao

42

romandigg för nörds

ach geh mä mid deim mondschein
wos iss des för ä fimml -
wann dar mond scheind
bin i do längst onlein
und glodds nedd nauf'm himml

42

guuchl-hupfn (1)

wenn i glee bin
bin i dumm
dörf's grisdkindlä
zwäämaol kumm -
wenn i gross bin
bin i dumm
hübf ollford bloos
im guuchl rum

42

guuchl-hupfn (2)

waffä glügg
dass i nedd müllä oddä schmidd häss
sunsd daad i mi mei läbbdaoch long
nedd selwä find
(in meim guuchl).

früh übt sich

da glee midd seine zwä jaohr
konn scho siem väschiedene
biebsä äusänannä hold
vou die elegdrischn geräädde.

42

färnseedood

wie unnä obba friedlich eigschloffn iss
midd seine achtädaochzich joähr
hodd unnä glee glei gfröcht
obb mä denn scho wäss
wär nä denn
darschossn hodd.

42

zeidobdimierung

den gonzn sunndoach
deng i drüwä naoch
woss i mid därä
zeid aofong
wou i di wochn üwä
eigschpoad hobb

voäzuch vou di oldä dechnigg

än wois-rekoädä wölld i käff,
weil i mei schrift in meim nodizbuch
ols nedd läs konn.
vorhar aber bin i midd meim
aoldn babierne nodizzbuch
noch nein wold gongä und dordn
iss mä ä dringends bedürfnis kummä.
daobei hodd des büchlä mä
werdvolle diensde geleist,
weil i sunsd kee babier dabei kobbd hobb -
mit dem wois-rekoädä
wär i doo glodd aufgschmissn gwäsn.

neunds kabiddl

übers boedisiern

43

nachäm schpaziergang

Naoch und für'n Walter Werner (1922-1994) aus dem fränkgischen Düringen

Leemäboddsn an dä Schüh,
Ä Hämpfelä Ärdn im Housebund,
Schtochlichä Gleddn on dä Joggn,
Ä longförsichä Spinnä im Hoär
Unn die Händ roud
Vou aufgelasene Zwedschgn und Beern.

Dähemm budds i mä die Schüh,
Börscht mä mei Housn aus,
Faohr mä durch mei Hoär,
Wasch mä mei Händ
Unn schau widdä sou aus wie vorhar.

Abbä on än bsunnäs schönnä Daoch
Konns voäkümm,
Dass woss an mä babbn bleibd,
Nedd bloos des glidsändä Sandkörnli
Zwischä meine Zeä -
Konns voäkümm,
Dass mär Spurn eigeriddsd sinn,
Nedd bloos die Graddsä vom Brombeerschtrauch
An meim Arm.
Dao habb i no daochälong
Den G'ruch vou reife Ährn in dä Naosn,

Do säh i nou nächdelong
Goldenä Fäldä im Draam,
Dao hör i no ä gaonzä Zeid long
Den Gsong vou di Lärchn,
Dao spür i no dauänd
Die feuchdä Ärdn zwischn meinä Fingä
Unn den weichn Boodn
Unnä meine förs.

Unn wemmä för dess olläs
Die richdichn Wöddä eifolln,
Schreib ich sä auf -
Nei mein Härnkäsdlä
Unn monchmaol aa affs Babiä

44

zwäärlei dichdn

dar ee dicht mit dem kupf in dä händ,
dä onnä mit än gummiring.
der ee griechd än nachruhm
dä annä verzich euro die schtund

45

anlääslich vou ä lobende gridigg

„seine Verse sind anrührend"
hadd eenä gschriem -
i rühr liewä ä gscheids ässn ao
als wie empfindliche seeln

46

zuuchfadd

vo forchhemm naoch ärlanngn
vou dord mid dem schieneäsadds-
väkehrsbus noch förrd
vom förrdä baohof
zum blärrä
vom blärrä zem nörmbärcha baohof
den aoschlusszuch um drei minuddn väbassd
naoch ä gnabbe schtund weidä naoch rood gfaorn
vou rood midm bus naoch abenberch -
zwäaholb schtund för achzich kilomeedä
abbä in dar zeid
ä büchlä vou em dichdäkolleechn holwä gelääsn
unn fünf eichene gedichdli im kupf wochs gelassn -
die fadd hodd sie fei rendierd

47

honorar

nach jedde läsung in frankgn
än boggsbeudl
am liebsden läserd i fei dordn
wo ä gescheidä brimidifo wächst.

zehnds kabiddl

unnäre glassigä, neu zammgedicht

widdäseen

(vom brecht geglaud)

> *„Ein Mann, der Herrn K. lange nicht gesehen hatte, begrüßte ihn mit den Worten: ‚Sie haben sich gar nicht verändert.' ‚Oh!' sagte Herr K. und erbleichte."*

dich kennd mä ja goä nimmä
hodd die nachbärä gsocht,
wie sä mich nach ä boä jaohr
widdä ämaol gsänn hodd.

dös hodd mi abbä mehrä gfrääd,
wie wenn sä gsocht hädd:
da glaus is nou immä dä aolde.

brecht neu, ä endgültigä mundart-versuch

brecht:
ich sitze am straßenhang
der fahrer wechselt das rad
ich bin nicht gern, wo ich herkomme
ich bin nicht gern, wo i hinfahre
warum sehe ich den radwechsel
mit ungeduld. (bertolt brecht):

i hogg im strassägraam
mei foahräe wechsld die reifn
(i wäär ja sowisso selwä gfoarn
aber si hammä mein schein gezwiggt).
i wäss nedd, wo i harkumm,
i wäss nedd, wo i noo gee,
i wäss nedd, warüm dä brechd
ä gedicht über so än quadsch
gemochd hodd,
i väschtee nedd,
warümm i dess aa nou
nein dialeggd üwäsedds.

48

waoldä vou dä vochlweidn

i sitz affm schtee
schloch üwärannanä mei bee
do druff lech i mein elläbochn
die linke hend nach hind' geboochn
do nei wärrd donn dar kupf vasengt
donn schauts so aus, wie wenn i deng. -

ädsch! äs schaud abbä bloos sou aus

Rüggäd-Jubiläum (1988, 2016 usw.)

wenn i zuviel rüggäddsegd gsuffn hobb
unn donn am rüggäddwääch läff
unn mein rüggäddwegg fress
und's mi hinnärrüggädss
in dä därm zwiggt
unn i mi rüggwädds
nei dei büsch schlaoch
könnädd i fosd värüggt wär
weil i in meim rüggsägglä
kee rüggäd-gloobabier hobb.

Dä zwähunnäddsde Gebordsdaoch

Dialooch am Rüggäddenkmaol in Schweinfurt

A: Mann oder Frau
B: Frau oder Mann

A: Du, hosdä scho gkörd, dar Rüggädd hodd nechsd Woch sein zwähunnäddsdn Gebordsdaoch.
B: Woss dä nedd sechsd, so old möchäd i aa ämaol wär.
A: Do häddsdä awwä woss davoo; du jammäsd dou heud scho den gonz Daoch rümm, weil's di's üweroll zwiggd. Aussädeem is dou dä Rüggädd scho längsd dood.
B: Woss denn, graod sechsdä, dar hädd Gebordsdaoch, jeddsd issä aff eemaol dood. Dess wär ja nou schönnä, wenn die Doodn aa no Gebordsdaoch häddn, do kääm mä ja aus dem Schenggn gaor nimmä naus, unn selwä gschengd dääd mä nix griech vou denne Doodn.
A: So ebbäs mechd mä dou bloos bei dä berüümdn Leud, dass mä denne irn Gebordsdaoch nou feiäd, wenn sä schou dood sinn.
B: Wenn i mein zwähunnäddsdn Gebordsdaoch feiä dääd, donn wär i fei aa berüümd. Neuli, wie die Neuberds Greedl ihrn Neunzichsdn kobbd hodd, dou iss fei dar Obee middärem Blummeschtrauß unn än Fresskörblä kummä, unn ä Bild wor in dä Zeidung. Schtell dä dou ämaol voä, du wäresd zwähunnädd, dou däädsdä sogaor neis Färnsäh kümm.

A: Dä Rüggädd iss dou aa kee zwähunnädd worn, sunnern bloos siemäsiebzich.
B: Unn desdewächn schreim sä dess nei di Zeidung. Dou binn i in drei Jaohr aa sou weid, da schau mä maol, ob i aa nei di Zeidung kümm.
A: Du bisd do nedd bärüümd. Bloos bärüümde Leud kummä nei di Zeidung.
B: Hä, woar denn die Neubäds Greedl velleichd bärüümd, unn di iss aa nei dä Zeidung kummä.
A: Awwä desdäwächn hodd sä nou long kee Denkmaol griechd affm Maagdblodds wie dä Rüggädd.
B: Du, sou ä Denkmaol möchäd i fei gaor nedd. Schtell dä voä, dou däädn dar den gonzn Daoch die Daum affm Dööds scheiss. Dess iss fei kee schönns Gfüül, oddä dääds Du des möch?
A: Ols ä Denkmaol däädsd du dess ja gaor nedd märg. Da wärsd du do aus Eisn. Awwä för dich wär sowisso kee Blodds för ä Denkmaol dordn. Schtell da voä, ä jeedä Schweifeddä dääd aa Denkmaol affm Maagdblodds griech. Do könndä sä do goar ke Gemörs mehr väkäff voä laudä Denkmäler. Drumm grichn aa bloos die bärüümdn Leud ä Denkmaol.
B. Un warümm homm donn die Maagdfraa unn ir Moo do drüüm ä Denkmaol grichd? Dess sinn doch gonz normaolä Bäuäli. Do könnd i do aa eens griech.
A: Dess iss doch gonz woss annäschdä. Dess iss sozesaochn sümbolisch. So wie's in Baris drüüm des Denkmaol vou dem uubekonndn Soldaodn gibd, so iss des hold dess Denkmaol vou die uubekonndn Bäuäli.

B: Du reddsd dou velleichd heud än Schmarrn zamm. Wenn die uubekonnd sinn, wie kommä do ä Denkmaol gemach. Do wäss mä dou gaor nedd, wie die ausschaun.
A: Do kümmds dou aa gaor nedd druff zamm. Doo soll si do jeede Maagdfraa beispielsholwä drin äkenn könn.
B: Woss dä nedd sechsd. Wenn i onn die Fraa denk, wou i immä die guodn Kümmeli käff, die hodd ä Figuur, do dääd die vom Denkmaol dreimaol neigeboss. Unn die soll si dou drin äkenn könn? Unn üwwähabbds, nou ämool ä dumme Fraoch. War issn ächndnli dar grüne Moo do drüüm, dar immä affm Maagdblodds hoggd unn sein Kubf nei die Händ schtüddst? Iss dess velleichd dar uubekonnde Faulenzä?
A: Nä, dess iss dou dar Rüggädd.
B. Dar, wou zwähunnädd Jaohr old werd?
A: Genau där.
B: Nochäd wunnerd mich gaor nix meä. Wenn i den gonzn Daoch long nix annäschdä ze duun hädd, wie mi aufm Maagdbloods affm Sessl zä hoggn unn mein Kubf nei die Händ ze schtüddsn, dääd i fei aa zwähunnädd Jaohr old wär.

elfds kabiddl

gschdanzn

gschdanzn unn annärä vierzeilä

fürn Jandls Ernst

1
die gschtanzn di sinn fei
weid unnä deim niwoo
i pfeif aufs niwoo weil
die leud käffens ehrä so

2
im aoldä nou im bouchn sächn
dess iss fei ä kunst
i ko dir scho desdäwächn
kee härz mehr nein schnee gebruns

3
dar ee frißt kohlrääbli
dar annäre ruam
dar ee schtedd aff mädli
dar annä aff buam

4
in meinä braodwurscht
do wor fei ä schtee
dess dörf mi aa nedd wunnä
wenn i nein schtee-imbiss geh

5
oom schloss gibt's än baddlä
und aa een drund am see
dar am see baddld
dar am schloss särfierd dee

6
glei ob i än bärch naufgeh
oddä än bärch nou
in ollä zwä fäll läff i
vou mä sälwä davoo

7
kummd ä vochl härgfloochn
fliechd abbä glei widdä ford
mechd um mi än grossn boochn
moch scheins kee männä mid boad

8
mä secht, dass i ä gscheids buch
liewä wie die menschn goar hädd
weil: langweiliche büchä konn i wächlech
longweilichä menschn sou schnell nedd

9
es brummäd die wärrdschoft
hässts im börsnbericht
bei mir abbä brummts ärschla
dös schadd wenigsdns nicht

10
unnä herr nachbaor
dar hodd glei zwä hünd
dass, wenn dä enne väloarn gedd
dar annä ihn find.

11
affm kupf vou dem didchädengmaol
da scheißn die daum
abbä weil da dichdä sou eidl iss
dudd äs ols värehrung aoschaun

12
kaam hodd mä die klenne kinnä
vou ärrä nugglfloschn entwöhnt
läffn sä ols *kidds* aff dä schtrass rüm
midd biäfloschn in dä händ

13
ärscht wor är beim hausaorzt
donn in dä schirurgie
jetzt issä a bazjent
in dä baddologie

14
lääs wos voä in mauloard
do baddschn die leud.
ä wennsdä sä bloos värorscht,
homm sä drodsdem ir freud.

zwölfds kabiddl

ä märchn zwischädurch

51

Die Rood's Käddl

„Wässdä", fröcht die Bawedd irn Basdl, „woss mä die Frieda gesdärn väzäld hodd, vou die Roods Emma ärrä Käddl, die kennsd du do aa."
Jaa, freili, dess iss fei ä hübsch Ding unn sou aoschtändi soll sä sei, sächt mä, ir Muddä lässt dou nix affära kümm."
„Dengsdä, bfeifädeggl, dess hobb i aa gegläbbd, bis mä die Frieda dess väzäld hodd, die hodds fei fausddigg hinnä die Ohrn."
"Do bin i abbä gspannd, väzäl märs nä glei."
"Nix liewä, wie dess. Olsä bass ämaol obacht: „Dä Emma ir Muddä, die old Roodin, die müssd ja ächndli aa nou kenn, die wohnd do jeddsd gonz ällee droum in Üchdlschücht, die old Roodin olso wor grank. Unn dou hodd si mei Emma nougschtellt unn hodd än Gsundheidskuchn gebaggn unn ä Fläschlä Liebfraumilch gekäfft, hodd dess olläs schö nein än Körblä gebaggd unn ze ärre Käddl gsocht: „Gäll Käddl, du mä än Gfolln. Nämm dei Rädlä unn faohr naus ze de Omma unn bringärä des Körblä, die frääd si beschtimmt, wenn sä di widdä ämaol sied."
Die Käddl hodd ärscht ä wenig rummgemauld, abbä donn hodd sä doch des Körblä genumme unn iss losgfaohrn. Ir Muddä hodd ärä nou midd affm Wääch gähm, dass sä fei aufboss unn aff kenn Foll dorchn Wold faohr soll.
Wie di Käddl abbä graod oom am Summäbaod vobbei

kummä iss, wou dä grosse Wold aofängt, kümmt ärä ausgerächnd dar Wolfs Härmann endgechn, denn kennsdä dou aa, sou ä Bangädd oddä wi di hässn, midd sou roode unn grüene Haor wie ä Haohnekamm in dä Middn vou ärä Gladdsn."

„Freili kenn i denn, sou wie dar läfft dou bei uns sunst kee Mensch mehr rümm."

„Olso, där Wolfs Härmann fährd mid seim Mobbeddlä ze dä Käddl nou unn fröcht sä, wo sä denn hi will. Unn die Käddl, des dumm Luudä, värzäld dem dou gladd, dassä ze ärrä Omma will, wou grank iss..

„Unn wou woond denn die olde Daome," hodd sä dao dä Wolf gfröcht, unn die Käddl, dumm wie sä iss, hodd dem gonz genau äglärd, dass die in demm glennä gelwä Häuslä oom am Üchdlschtüchdä Wold wohnd, wou so gonz ällens dao schtedd. Donn hodd sä dä Wolf gfröcht, ob sä denn kee Blümmli dabei hädd, do däädn si die Oldn dou immä sou drüwä frää, besunnäs, wenn sä grangk sinn.

„Do hobb i aa scho dro gedacht", hodd die Käddl gsocht, abbä, wou griech i denn am Samsdaoch-middaoch nou Blümmli har?'

„Wenn's weidäs nix iss", hodd dä Wolf gemeend, dä gonz Wold schtedd dou jeddsd sou vollä Gloggeblümmli, do hosd dä glei än Schtrauss voll."

„Abbä mei Muddä hodd do egsdra gsocht, dassi nedd dorchn Wold faohr soll", secht die Käddl.

„Och woss, die hodd dou bloos Ongst um ihr Döch-dälä, wie wenn do än gonzn Daoch sou ä Unhold im

Wold rumlauä dääd, bis ärchendämaol ä Mädlä vobbeikümmt, wo Blümmli pflügg will."
Dess Argumend hodd di Käddl üwäzeucht, unn sie hodd glei Dschüss gsocht unn iss nein Wold nei gfaohrn. Abbä weil dess nadürli gelochn woä midd denne viele Blümmli, hodd sä fosd ä holwä Schtund gebraucht, bissä ä glenns Schträusslä zammkabbd hodd, donn issä ze äre Ommä ihr Häuslä gfaohrn.
Wie sä hikummä iss, hodd sä glei gsänn, dass die Düür bloos aogeleend gwäsn iss, unn dess iss är glei ä wenig Spanisch voäkummä, abbä donn issä dou nei gongä. Drinnä wor's schtoggdunkl, dassdä die Hend nedd voä die Aachn hosd säh könn. Die Käddl wolld glei Licht moch, abbä hodd den Scholdä nedd gfunnä. Vom Bedd hindn im Zimmä hodd sä abbä ä Schnarchn körd unn iss voäsichdi nao gschlichn, unn hodd Grüssgodd gsocht, abbä kee Andwodd nedd griecht.
Donn hodd sä si dro ärinnädd, wie ihr Muddä immä irn Vaddä in solchene Fäll die Naosn zukoldn hodd, unn hodd dess aa glei bei dä Omma brobierd, unn dabei hodd sä im Gsicht vou äre Omma ä Haufn Schtobbln gspürd, dassä gonz väschroggn iss, abbä des Gschnarch hodd affkörd.
„Abbä, Omma, woss hosdn du för Schtobbln im Gsicht?", hodd dao die Käddl gfröcht.
„Kind, dess kümmt vom Aoldä. Wadd nä, biss dä aa sou old bisd wie i, donn griechsdä aa än Damäbaord."
Abbä, weil är die Schtimm vou ärä Omma sou fremd voäkummä iss, hodd si die Käddl nou mehr väschreggd

unn dä Omma aus Väsähn die Schlaofhaum ä Schtügglä runnägezochn unn dao iss ä Gladdsn zum Voäschein kunmä.
„Abbä Omma, seid wenn hosdn du ä Gladdsn?“ hodd dou di Käddl gfröcht.
„Scho long, du hosd mi bloos nou ni im Bedd gsänn, i sedds mä do zem Schlaffn kee Dubee auf.“
Do iss die Käddl neugierich worn unn hoddärä die gonz Schlaofhaum runnägezöscht unn dou iss ä roodä unn grüne Haöhnäkamm rauskummä.
„Abbä Omma, bisd du jeddsd in deim Aoldä nou ä Bangä worn, dess finn i fei ächt geil.“
„Jeddsd schmarr dou kenn sou än Kääs daher“, hodd dao dä Wolfs Härmann gsocht, wou schtadd där Omma in därrä ihrn Bedd glächn iss, „dess hodd ja gonz schö gedauäd, bis du die Blümmli gfunnä hosd“.
„Wo, ku, ku, kümmsd denn du har?“ hoddn dou die Käddl gfröcht, wie sä si vo ärm ärschtn Schregg dähold kobbd hodd.
„Dess wor dou wärgli nedd schwer ze finnä, wo du mä dou des Häuslä sou haorgenau beschriem hosd.“
„Unn woss hosd du midd meinä arme grongn Omma aogschtelld?“ hoddn dou die Käddl gfröcht.
„Vou wächn, arme grongä Omma! Die aolde Daome iss mobbsfideel, dou sinn mir ja Leichn aff Urlaub dageechn. I hobbärä bloos väzäld, dass du aa glei kümmst unn dass i dei Maggä bin, unn do hodd sä glei gsocht: „Do wölld ir do beschtimmt ä wenglä ällenns sei. Wie i mei Emma kenn, lässd di do ir Käddl kenn

Momend aus dä Aachn. I geh jeddsd ä weng zä meim Maggä, den Jächäs Hans. Ummä Sechsä bin i widdä dähemm. Mocht euch ä boä schönne Schtundn inzwischn. Unn ford woä se."
„Dess hädd i därrä fei nedd zugedraud" hodd dou die Käddl gsocht. „Wenn i dess gewissd hädd, hädd i sä scho öfdärs ämaol besücht"
Unn donn hommsä die Gelächnheid beim Schopf geboggd unn gedriem, woss die Brüdä Grimm aus ärrä Kinnä- unn Hausmärchn immä wächgelossn homm. Büngdli ummä Sechsä iss di Ommä mid dem Jächäs Hans zärrügg kummä. Die Käddl wöllt ihr dess Körblä vou ihre Muddä gäbb, obbä die Omma hodd glei gsocht: „Do hodd sä dou beschtimmt widdä ir Frauähärz oddä wie des Gsöff hässd, neigedaon, soll sä dou sälwä sauf, gell Hans, mir homm uns woss bessärs midgebrocht"
Unn donn hodd sä är baor schöne Fläschli Frongewei ausgeboggd, unn sie homm bis nei die Nocht nei gfeiäd. Abbä blöddsli issäs dä Käddl siedendhääs eigfolln, dass sä väsprochn hodd, dassä dähemm wär, bissäs dungl iss, unn donn hommsä olle zamm üwälecht, woss sä ärrä Muddä ols Ausreed soch könndn. Unn donn issäs dä Omma eigfolln, dass sä väzääl könnd, dass sä unnäweechs emm Wolf begeechnd wärn unn dass dar donn in dä Ommä irn Bedd glächn iss unn dass donn dä Jächä kummä iss, olläs graod sou wie im Märchn.
„Unn des schönst iss, du mussd dei Muddä nedd ämaol aolüch unn konnst am Sunndi beruhicht zem Beichdn

gee.“ Unn sou homm särs gemocht, unn die Emma hodd nix bessäs ze duun, wie üwäroll die Gschicht vou dem Wolf unn irm Döchdälä rum zu äzääln.
„Unn wohar wäss denn die Frieda unn du, wie’s wärgli gwäsn iss?“ hodd do dä Basdl gfröcht.
„Ach Moo, hosd du denn ke Fandasie? Schlissli simmä doch aa ämaol jung gwäsn, oddä hosd du dess scho gonz vägassn?“

dreizehnds kabiddl

schprüch unn widdäschprüch

52

dobbld genääd häld bessä (1)

zärscht bädd mä um goddes seechn
förs neuä häusle
donn schließ mä
ä gscheidä feuäväsicherung ab

dobbld genääd häld bessä (2)

in meim weihwassäkesselä
hebb i mein gnoblauch auf

53

sissifuss

jeedn daoch den drumm schtee
den bärch naufroll -
kaam bisde droom
und willsdi ä weng ausruh,
rolld är dä widdä roo.
kenn zandimeedä weidä
bisd kummä di gonzn dääch.
abbä so lang du no roll kannsd,
bisdä nou nedd hi.

mikaado

ä schtääblä berühr
ohne dass wo annäschdä
ärchendwou woss waggld -
dess gibds sunst närchends
im lääm

54

waffä glügg

waffä glügg
glebbt ze hamm
ohne an griech im lond
middmoch habb müss -

waffä glügg
dass i scho so aold bin
dass mä aff meim graobschtee
maol schreib konn:
ar hodd glügg kobbd
glebbt ze hamm
ohne än griech im eichenä land

55

„Gesunde Kinder sind das köstlichste Gut eines Volkes."

(artikel 125 der bayerischen Verfassung)

zerrscht wernerä die hammelbee long gezouchn
donn wärd enne des rügggraod gebrochn
donn gibts nou ä weng bfeffä nein aorsch
unn a baor gsolzenä schtraofn
dann wärn sä düchdi gezwiefld
unn wenn sä donn glee und wääch sinn
frässn die härrn
dem volk sei köstlichstes guud

56

bündnisbolidigg

die feind vou unnerä feind
sinn unnerä freund
und die feind vou unnerä freund
sie aa unnerä feind
unn die freund von unnerä feind
sinn aa unnerä feind
unn die freund vou unnerä freund
sinn aa unnere freund
graod sou wie in dä maddemadigg:
bluss maol minus iss minus
minus maol minus iss bluss
bluss maol bluss iss bluss im gwadraod -

wemmä scho beim rachnä sinn
es rachnd sie sou und sou
för die waffnindustrie

57

frei sei

middn drin
eefoch
aufhöör

korz vorm gibfl
eefoch umdree
donn hosdä immä nou woss
voä dä

58

schreibweis

schreibd mä *volgsdümmli* jeddsd
mid haddn oddä weichn dee in dä middn

logische gedichtli

1
wenn du olläs sou mechst
wie dä dengst, dass äs richdi iss
weil du dengst, dassäs olle so machn
iss äs garandiert folsch,
weil di eene ja bloos dess sou machn,
wie sie denkgn, dassäs die annän so machn -
und du bist immä eenä
vou die annän

2
wemmä A secht,
muss mä nou long nedd B saoch;
nedd beim doggdä unn aa nedd
im lääm.
denn wie scho dä brecht secht,
könnt‘s ja aa sei, dass A folsch wär,
es könnet abbä aa sei,
dass B folsch wär unn C richdi
unn äs könned aa sei, dass olles folsch wär,
unn wenn dä dess gonz alfabeed dorch mächst.

baohnfaohrn

bessä ze schpääd zem baohnhof
ols wie ze früh
bisd dä ze baold
ärchesd dä di üwä die verschpädungä
bis dä ze schpääd
frääasd dä di drüwä
wennsdä dein zuuch nou däwischt -

unn verspädungä
gibts immä amaol

60

definizionen

iss ä henkgä ä henkgä
aa wenn ar nedd henkt?
issä denkgä a denkgä
aa wenn ar nedd denkt?
iss ä richdä ä richdä
aa wenn ä nix richd?
iss ä dichdä ä dichdä
aa wenn ar nedd dicht?
- iss -

vorm eischloffn

die aachn folln zu,
die hend fälld ro affs buch,
fährd übern umschlaoch endlong,
dass äs graddst.
hädd ä schönnä dood sei könn,
wenn i nedd vou dem graddsn
widdä aufgwochd wär.

61

värärbung

die aachn hoddä vou die mamma
den mund hoddä vou die mamma
des hoar hoddä vou die mamma
bloos des zipfelä
hoddä scheinds
vom babba

62

nachbaorschoft

mid dä rechdä nachbärä
hamm mä uns vägracht
weil sä gesdärn
mid dä linkge nachbärä
gredd hodd

mid där mär uns sällemaol
vägracht hamm
weil sä nix mä mid dä
rechdn nachbärä
ze duun hodd gwölld

63

uuheimliche begechnung

wie i ä buch aufschloach
wo i im andigwariad gekäfft hobb
finn i än bleischtifteidraoch
wo i ämaol selwä neigschmiert hobb
do bin i gonz blass worn.

värzeends kabiddl

väschpielt

summä

woss iss des heuä bloss för summä
wo überhabbts kee wolkgn kummä
hör bloos, wie die hummeln brummä
hör nou, wie di bienä summä
drunnä in dä sunneblumma

gewidd ä

unn ä
wächs ä
dunn ä
wedd ä

mädsenschtich

schticht mi do da sou a muggn,
hab i glei ä mordsdrumm bfuggn,
und die bfuggn die duud juggn,
du, do dörfstä fei nedd dro juggn,
weil sunsd glei die riesnbfuggn
wie verrüggd duun weidä juggn,
bessä issäs, druff ze *spucken*. -
„däs hässd aber *schpädsn* unn nedd *spucken*"
„hässts dann aa *mädsn* schtadd *muggn*?"

65

beim bägga

aon wegg
obbä weggaon
biddschö

66

reim di (1)

hängä blauä soggn runnä
schauns sä aus wie gloggeblummä

reim di (2)

ar wolld do bloos nein
wassä seich,
iss ausgrudschd und wor
ä wassäleich

67

affschtenn

sich reechn
bringt seechn
desdäweechn
schtee i jetzt auf
du mi ä weng regg

du mi ä weng schtregg
geh ä weng nauf
geh ä weng nunnä
lech mi widdä unnä
meinä degg
und bin glei widdä wegg

68

dinggedichtli

(naoch äm volksdümmlichn gedicht)

Geh nauf zem Ding
unn soch zem Ding
dä Ding soll roo
sunst läfft dem Ding
sei Ding davoo
(traditionell)

Geh noo zem Ding
unn soch zem Ding
dä Ding soll nauf
sunst geht dem Ding
sei Ding bold drauf
Geh nü zem Ding
und soch zem Ding
dä ding soll rü
sunst läfft dem ding
sei Ding noo üü.

Ächndli

Ächndli möcht i wiss, warümm mä sou oft *ächndli* secht, obwohl ächndli kennä sou richdi wäss, wass ächndli des wördlä *ächndli* meend. Dä Filosoof Adorno hodd ämaol ä gonz Buch üwä die *Eigentlichkeit* gschriem, wo är zeich hadd wöll, dass viel Leud immä vou *ächndli* reddn, wenn sä ächndli nedd viel ze saochn homm unn bloos sou dunn, wie wenn sä woss Wichdichs saoch wölládn.
Abbä ächndli denk i, dass'äs graod bei uns Frankgn ächndli nou ä weng annäschdä iss: dou secht mä ächndli *ächndli*, wemmä ächndli woss saoch oddä du will unn donn dou woss annäschdä secht oddä dudd, weil mä si des annärä nedd sou racht ze saochn oddä ze dunn gedraud und weil mä hold ächndli nedd auffoll will. Sou dääd ächndli monch eenä gärn mid dä Dschiens nein Gschäft geh oddä aa annäm wärchdaoch Gnoblauch äss, abbä *ächndli* gkörd si dess nedd.
Monchmaol abbä kammä, unn dess iss widdä des Guode on dem wördlä *ächndli*, graod abbä aa sei eichene Meinung vädrääd unn sei eichens Lääm führ, wemmä bloos de annän secht: ächndli wäss i ja dass dess si nedd gkörd, abbä i duus hold drudsdeem, abbä ächndli hörd mä dess hold dou racht saldn unn dess is ächndli schaod.

kunst unn naduur

kee kunst: än schteebilz
aus richdichä schtee
ze maochn -
abbä:
maoch ämool
än fliechebilz
aus laudä fliechn

ä läsändä subbnessä secht:

liewä die buchschtaom in meinä subbn
wie die subbn aff meinä buchschtaom

Äläbnisgsellschaft[1]

Ächndli kommä jeedn Daoch woss däläbb, wemmä mid offenä Aachn dorch die Weldgschicht läfft. Do wochsen glenne Kinnä roo und värännän sich vo Daoch ze Daoch, dass mär zuschau und bloos no schtaun konn, do blüün die Blummä auf unn es färm si die Bläddä an die Bäämä und folln donn widdä roo, unn die Bäämä griechn widdä Gnosbn unn von eem Daoch zem annärn rolln sä widdä neue grüne Bläddli raus, da wärn Raubn ze Schmeddäling, do scheind die Sunn unn es ziehn Wolgn voä, unn die gonz Londschoft värännärd si von eem Aachebligg zum annän, unn weem dess no nedd schtarch genuch iss, dar kann aa no aff ä Gewiddä oddä än Rachebouchn wadd.
Abbä anscheins sinn des kee richdichä Äläbnisse för die Leud, wascheins, weil se nix kosdn. Drumm muss mä die Leud schtändich Äläbnisse väkäff, wou deuä sinn und wou mä Gald mid vädien konn. Do gibds nedd bloos die grossn Reise-Äläbnisse unn die Kaffeefaohrd-Äläbnisse, do gibds Musigg-Äläbnisse und Lese-Äläbnisse, anschtadd dass mä eefoch Musigg hörd oddä Büchä liesd. Die Wärrdschoft, wou i früjä gärn gsässen und gonz gued gässn habb, hamm sä jeddsd zu em Äläbnis-Resdorand gemocht, wo's Äläbnis-Ässn gibd. Om Dunnärschdaoch-Oamd drifft mä sich zem Äläbnis-Einkauf, und die Kinnä schpieln scho längsd

---

[1] Auf der CD findet sich auch ein Absatz über den Kelten-Erlebnisweg, der aus den 90er-Jahren stammt.

affm Äläbnis-Schpielbladds und hamm in dä Schuäl än äläbnis-oriendierdn Unnerricht.
Dabei kammä, wemmä sou dem Volgsmund gläbbd, sowieso dähemm die besdn Äläbnisse genieß, sogoar ohne Färnsähä, denn i ärinnä mi no guud an mei färnsehloose Kinnäzeid, wo unnä Nochbärä immä ihrm Buä geruufen hadd: »Kumm nä hemm, donn konnsdä woss äläbb.«

fünfzehnds und ledsd kabiddl

unnäwächs

affm deich

(unter Verwendung einiger Zeilen aus dem Gedicht "wo ich herkam" von Alma Rogge)

ich laff affm deich
ä eewich longä brüggn üwä graosgrünä weidn,
laff immä graod aus
fosd nein himml nei
midd seinä weißn wolgäseechl,
laff graodaus,
ä holwä eewichkeid,
schpürs wie mä die boggn rood wärn,
mei haor im wind staddsn mä nei die höh,
ä schworzä faohnä medd ärschdä grauä schtreifn drin.
ich kumm nedd nähä, kumm nedd no,
wo noo denn aa?

hinnä meinä kammädüür
koch ich mä donn än dee midd rum,
zünd mä ä kärzn ao,
lech ä bladdn auf
unn hör:

wo ik herkam
is dat land so free un wiet
waßt dat gras un bleuht de klee
ruckt die Luft na salt un see
blänkerd woter ruschelt reiht
jagt de wulken, wind de weiht.

und es wärd mär warm im gsichd
und ä wenglä aa ums herz
und ich verschtee den,
wo jeddsd singd
do bin ik to hus.

oobä nochds,
do läff ich die bärch nauf und widdä nao,
do wärd ma mei bedd zum weichä donnänaodlboodn,
do riech ichs holz unn schmegg des heu,
do schiggd die sunn ir schtraoln graod durchn wold,
und blöddsli schaud ä Kerchduum voä
hinnä äm weizäfald,
unn in dä dörfli riech ich än braodn,
und ich schtubfl wie ols kind di öbfl
und klau die draum vom weischtogg roo,
do sochn mä die leud *grüßgodd*
und reddn, wie ichs mool gelärnd
und fosd vergassen habb.

und nochm aufwachn
wäss ich ä zeidlong,
woss mä faald,
obbä die ärwedd
frißd die dräum mär auf,
unn am feiäaomd
läffi widdä
üwän deich:

und dat land so free un wiet -
und ke hüchl und kee dorf hinnäm hüchl,
waßt dat gras un bleuht de klee -
unn kee blummä sunsd und kee öpflbääma,
ruckt die Luft na salt un see -
und nedd naoch reife weizeärn,

wind dä weid -
obbä kee schtillsei
am summämiddoch,
wo di kodds im schoddn schläffd
und mä kee muggn hörd
und dä himml flimmäd
üwwä dä goldbraunä ährn
und aa nedd die grossn rachadrobfn
bevoä's gewiddä aofängd.

ich laff weidä,
immä grood aus
droom affm deich
üwwäs eewich graosgrünä lond
und konn nedd saoch,
warum ich nou immä
unnäwächs bin.

heimadd

naus, nix wie naus.
die dääch wärn längä,
körzä die nächt.
dou gribblds mär in dä förs,
do hälds mi nedd längä,
do gibds mä kee ruh.

nüwä die faldä,
dorch die wäldä,
die bärch nunnä unn nauf:
schtundälong,
daochälong,
wochälong.

immä bloos weidä
bis nunnän gebirch
bis naufm meer.

vou wechä:
dä mensch dreiwärd worzln
vou wechä:
dä mensch wär a baam.

heimadd:
dess iss dou bloos woss förn winnä
zem wärme, iss woss för drübsinniche dääch -
wenn abbä die sunn scheind unn's warm wärrd,
dou iss ächndli die schönst heimadd
för mich nou immä
da wääch

Nachwort

Rückblick und ein Ausblick

Rund 30 Jahre ist wohl her, seitdem ich ein erstes einfaches Büchlein mit fränkischen Dialektgedichten drucken ließ, dies seltsamerweise während der Zeit, in der ich bereits über ein Jahrzehnt im fernen und fremden Bremen weilte. Gab Heimweh den Anstoß? Lange habe ich es selbst so interpretiert, doch dürften „heimatliche" Gefühle nur im Untergrund gewirkt haben. Eher mag es ein Unwohlsein gewesen sein, am Leben im flachen Land, mit bürgerlich steif anmutenden Menschen, vor allem jedoch ein Unwohlsein im privaten und beruflichen Bereich, das mich in den achtziger Jahren zu einer Annäherung ans „heimatliche Franken" in all seinen Facetten (Essen, Landschaft, Sprache) bewegt hat.

Wichtiger für meine Hinwendung zur Dialektliteratur war jedoch, dass ich in den 70er- und 80er-Jahren die sogenannte NEUE MUNDARTDICHTUNG für mich entdeckte, die sich in verschiedenen europäischen Regionen ausgebreitet hatte. Dies aber geschah eben nicht unter dem Gesichtspunkt einer Hinwendung zum Heimatlichen und zur volkstümlichen Tradition, sondern war Teil einer überregionalen Protestbewegung, der ich mich nahe fühlte. Diese NEUE MUNDARTDICHTUNG war so auch nicht auf Franken beschränkt und meine Zuneigung zu den Dialekten als Material der Dichtung war es schon gleich gar nicht.

Diese NEUE MUNDARTDICHTUNG war nicht nur keine Heimatdichtung und Heimatlobpoesie, sie war, so ein gängiges Schlagwort *Anti-Heimatdichtung*. Wenn sie Heimatliches verteidigte, dann nicht die Traditionen, das Volkstümliche, sondern Natur und Landschaft im weiteren Zusammenhang mit einer politischen technologiekritischen, antizentralistischen und antikapitalistischen Regional-bewegung. Sie verbreitete sich vor allem in den Auseinan-dersetzungen um großtechnische Anlagen bei Wyhl, Wackersdorf, Brokdorf usw.

Der zweite Grund für das Entstehen einer neuen Dialektpoesie lag in dem Aufstand gegen die Elterngeneration und dem bei uns „68ern“ weit gefächerten Antifaschismus. Es galt, in der alten Mundartdichtung „rechte“ Ideologien aufzuzeigen, wie auch in der gesprochenen Mundart selbst. Diese hatte, so glaubten wir in unserem ideologiekritschem Eifer herausgefunden zu haben, faschistische, auf jeden Fall anti-aufklärerische Bestandteile, die es nun zu entlarven galt. Die Mundart hatte dabei für die Autoren also einen Doppelcharakter: unreflektiert gebraucht galt sie als konservativ, reaktionär, auch kitschig, stand in direktem Zusammenhang mit der verhassten Volksmusik, dem Heimatfilm, den Trachten und Festen. Andererseits fand man in ihr auch Möglichkeiten der Provokation, etwa Schimpfwörter, Fäkalausdrücke, autoritätskritische Wendungen. Sie war, so unsere Ideologie, gleichzeitig auch eine Sprache „von unten“, an die man irgendwie anknüpfen konnte - und so manche witzige, anarchische Wendung aus dem Dialekt finde ich auch heute noch lebendig.

Die dritte - und ursprüngliche - Quelle der NEUE MUNDARTDICHTUNG war die Entdeckung des Dialekts als Sprachmaterial in der experimentellen Dichtung, seine Eignung für neue lyrische Formen. Bedeutende Lyriker wie Artmann, Rühm, Achleitner, die sogenannte *Wiener Gruppe* also, dann auch Ernst Jandl und andere, vor allem in Österreich, verfassten moderne Dichtung in Mundart, die sich zudem auch mit musikalischen Formen wie den von den Deutschtümlern verachteten Jazz in Einklang bringen ließen. Diese experimentelle Dialektdichtung war die provokativste Spielart der Richtung der NEUE MUNDARTDICHTUNG, da sie die traditionellen Hörgewohnheiten und kulturellen Vorlieben der Mundartfreunde alten Schlages völlig verwarf, da man mit der Mundart spielte, sie auch zuweilen lächerlich machte oder als bloßes Klangmaterial verwandte.

In dem Zusammenhang aller dieser drei Richtungen sah ich meine ersten einfachen poetischen Versuche, die zwangsläufig epigonalen Charakter hatten, da sie eher aus der Literatur der Kollegen als der Sprache der Dialektsprecher gespeist wurden, die ja fern von mir lebten. Dabei kam mir weiter zugute, dass man an die Dialektverse ohnehin einen geringeren literarischen Maßstab anlegte und auch heute noch anlegt, nicht immer zu deren Nutzen. Vor allem versuchte ich politische und gesellschaftskritische Ideen mittels der Mundart zu verbreiten, und *politisch* war ja in unserer Auffassung eh nahezu alles.

*

Als ich nach 20 Jahren Aufenthalts in Bremen „widdä dähemm" war (mit diesem unglückseligen Titel bezeichnete ich meinen ersten Mundartband nach der Rückkehr), sah ich mich bald einem Missverständnis und einer Zerstörung meiner Illusionen ausgesetzt. NEUE MUNDARTDICHTUNG und ihr Hintergrund waren hier nur einem kleinen Kreis bekannt. Statt dessen kam es immer wieder mal vor, dass gerade diese konservativen „Lodenmantelträger", deren Auftreten und Sprechen wir verachteten, mir die Hände auf die Schultern legten, und mich dafür lobten, dass ich überhaupt in Mundart schrieb. Man lud mich zu Heimatabenden mit Trachtenkapellen ein, bis sich herum sprach, dass ich hierfür wohl nicht der richtige bin. Ich wollte mit dem Dialektschreiben aufhören, allem Volkstümlichen entfliehen, doch, abgesehen davon, dass es auch zuweilen Beifall von der „richtigen Seite“ gab, war ich unversehens in eine Marktlücke gestoßen. Vor allem im relativ gut zahlenden Bayerischen Rundfunk bekam ich Sendezeit, in der Heimatzeitung eine wöchentliche Glosse. Nachdem ich den Lehrerberuf an den Nagel gehängt hatte und vom Schreiben leben musste, brauchte ich jede Mark, und es gab ja durchaus, so entschuldigte ich mich vor mir selbst, auch einige Hörer, die meine „Anliegen“ verstanden.

So führte ich ein „dialektales Doppelleben“. Ich bediente weiterhin einige Mundart- und Heimatfreunde, passte mich vielleicht sogar ihrem Geschmack an und bewegte mich gleichzeitig in dem kleinen linken politischen Kulturkreis der Stadt, in einem anderem Milieu also. - Ich ging wiederum zu Veranstaltungen des Internationalen Dialektinstituts (IDI) nach Österreich oder Baden, einer Vereinigung von (zumindest damals noch) links-regionalistisch gesinnten kritischen Dialektautoren. Der Brückenschlag zwischen den Welten bestand darin, dass ich, vor allem in den Zeitungsglossen, versuchte, immer etwas Kritisches in das Volkstümliche einfließen zu lassen. Das ging ganz gut und nur manchmal eckte ich auch an, vor allem bei den Heimatpflegern und Mundartpflegern, denen mein Mischdialekt und der Inhalt der Gedichte als Verrat an ihren mundartpflegerischen Bemühungen erscheinen musste.

*

Der Mundarthype und die Hoffnungen auf einen Regionalismus als Keimzelle von Gesellschaftsverände-rungen ließen in den 90er Jahren nach, der Bayerische Rundfunk stellte seine kritischen Mundartpoesie-Sendungen weitgehend ein, die Glossen im Schweinfurter Tagblatt wurde in beiderseitigem Einverständnis beendet, und ich floh auch räumlich

der Umgebung, in der mein Mischdialekt hauptsächlich angesiedelt war.
Die Dialektdichtung im allgemeinen sah ich nun zunehmend kritisch, schrieb nur noch hochdeutsch, zuweilen noch über fränkische Landschaften und fränkische Dichter, weil ich mir in den Jahren zuvor da einiges angelesen und angesehen hatte. - Erst nach ein paar Jahren traf ich mich wieder mit den Mundartschreiber-Kollegen im überregionalen Rahmen. Mit den von unseren Treffen mitgebrachten Anregungen und Antrieben verfasste ich auch hin und wieder Texte, zunächst für die Schublade. Schließlich veröffentlichte ich auch nach mehr als fünfzehn Jahren Abstinenz wieder Mundarttexte im Jahre 2015, immer mit dem Bewusstsein, dass es der letzte Band sei.

Wenn ich jetzt nochmals einen Band gesammelter Mundartgedichte herausgebe, dann einzig darum, weil ich durch die Initiative von Andreas Sirlinger, einem in Unterfranken wohnenden Österreicher übrigens, erstmals die Gelegenheit bekam, auch gesprochene Mundartdichtung vorzustellen.

*

Warum noch im Dialekt schreiben?

Flapsig gesagt: eine gute Frage, der ich die grundlegende Frage anschließen möchte: sind Mundart und Mundartdichtung veraltet? Vieles spricht in unserem Sprachraum und darüber hinaus für eine solche Auffassung: Zum einen hat sich die Mundart nicht nur ständig verändert und durch Einbeziehung neuer Anregungen sogar bereichert, wie einige Optimisten meinen, sondern sie scheint mir wirklich im Kern tödlich getroffen zu sein und wird nur noch in musealem Geist gepflegt. Besonders bei jungen Menschen trifft man nicht nur keine alte, sondern auch keine lediglich mit neuen Vokabeln angereicherte Mundart mehr an, wie etwa jede Fahrt mit öffentlichen Verkehrsmitteln einem Hörer verrät. Die Sprache der Jungen hat sich durch Assimilation an andere Sprachschichten zwar verändert, neue Idiome sind entstanden, doch die dialektalen Teile wurden bei diesem Prozess weitgehend ausgeschlossen. Vor diesem Hintergrund wird der Mundartpoet wieder zunehmend in die Rolle des Sprach- und Heimatpflegers gedrängt, was sowohl meiner Auffassung von einer ständigen unaufhaltsamen Sprachentwicklung wie die von einer zeitgemäßen mulltilingualen Literatur widerspricht.

Dazu kommt, dass die regionale „linke" Bewegung, ohnehin eine historisch wenig reflektierte Zwittererscheinung, ausgestorben ist. Was heute als Heimatbewegung wieder auftaucht, ist eher ein Erzeugnis der Tourismusindustrie, der Werbung, der lokalen Medien und einer Politik von oben (Heimatministerium, Frankentag usw.), die ein Angebot für die Menschen machen, die in einer unverstandenen „Welt" an Entfremdungserscheinungen leiden und sich nach Identifikation mit Großgruppen sehnen. Regionalismus als weich gespülter Nationalismus.

So ist auch besonders diejenige Mundartpoesie, die ich favorisierte, zumindest in den mir räumlich nahen Sprachräumen am Dahinsiechen. Manche alte Mitstreiter schreiben längst wieder in Standardsprache, andere kehrten der Mundart zwar nicht den Rücken, doch ihre Texte haben an Schärfe verloren, wurden, in unserem alten Sprachgebrauch ausgedrückt, mehr oder weniger „affirmativ": Heimatlob im einst verabscheuten Sinn, allerlei Biedermeierliches, Privates, Ländliches und „Menschelndes" hat wieder Konjunktur.

Dagegen sind die Illusionen über eine „fortschrittliche"

Verwendung des Dialekts, einem neuen „fortschrittlichen“ Heimatbegriff und Ähnlichem weggebrochen, scheiterten nicht nur an den politischen Verhältnissen sondern auch an den eigenen inneren Widersprüchen. Auch wenn im Dialekt manches gesagt werden kann, was in der Standardsprache sich nicht ausdrücken lässt, - eine einst viel gehörte Begründung für Mundartdichtung - ist klar geworden, dass die sprachlichen Mittel des Dialekts und damit auch der geistige Horizont der Mundartdichtung, zumal dann, wenn man Reinheit und Abgrenzung betont, nunmal begrenzt sind und die Komplexität der heutigen Welt nicht mehr gerecht werden können. Auch für sie gilt der Satz Wittgensteins: „Die Grenzen meiner Sprache sind die Grenzen meiner Welt.“ - und die ist mittlerweile doch etwas größer geworden.

Was bleibt? Vielleicht, dass Dialekt widerständig ist gegen die Mediensprache und Werbesprache, doch ist er nicht auch dort längst eingedrungen und in ihr und durch sie „unschädlich“ gemacht worden? Bliebe allenfalls das Widerständige gegen die Computersprache, gegen Kunstsprachen, gegen Spracherkennungsprogramme und anderem, was uns die schöne neue Überwachungswelt beschert. Die Produzenten neuer schöner Welten müssen sich jedoch keine Sorge machen: die Computerkids sprechen, wie schon ausgeführt, eh keinen Dialekt mehr.

*

Es bleibt für mich persönlich ein letztes Argument für eine mögliche Hinwendung zur Dialektdichtung - für Kollegen, die sich im Dialekt auf besondere, eigene Weise auszudrücken vermögen, die, anders als ich, mit dem Dialekt aufgewachsen sind, mag anderes gelten -: die modifizierte Rückkehr zu den literarischen Anfängen der neuen Dialektdichtung. Dialekte enthalten ein zusätzliches Sprachmaterial für die Poeten. Keinen reinen Dialekt möchte ich bewahren, keine sprachpflegerische Intentionen hegen. Alle ideologischen Begründungen liegen mir fern. Es gilt, sich frei zu machen nicht nur von der Verwendung der Mundart durch Traditionalisten auch von manchen illusionären Formen der (oft irrtümlichen) „linken" Verwendung des Dialekts.

Dialektdichtung, die als Poesie zählt, muss in die Sprache horchen, der Dialektpoet muss Musiker sein, Sprachspieler, Sprachartist, oft auch Linguist. Es sind die schlechten Mundartgedichte (übrigens auch die schlechten standardsprachlichen), die vorgefasste Gedanken aus dem Kopf in Gedichtform übertragen und dieses Konstrukt dann gar nochmals vom Hochdeutschen in den Dialekt übertragen. Selbst wenn man noch ein paar schöne mundartliche Formulierungen einflicht, besitzen derartige Gedichte poetische Mängel, auch dann, wenn sie beim Publikum ihres Inhalts wegen vielleicht gut ankommen. Solches hat vielleicht auch der Poet, Übersetzer und Vertreter einer „Weltpoesie", Friedrich Rückert, Mitte des 19. Jahrhunderts gemeint, als er schrieb: „In Volks-undartlappen verkleiden sich arme Poeten / aber ihr Hochdeutsch guckt ihnen zum Ermel hinaus." Derlei wenig gelungene Gedichte finden sich auch zwangsläufig in diesem Retro-Band eines Autors, der ja nicht ursprünglich im Dialekt denkt.

Das Wichtigste zuletzt: Dialektdichtung muss, so sie mehr als museale Sprachpflege und Retropoesie sein soll, im Kontakt mit der Dialektpoesie anderer Regionen und im Austausch mit der standardsprachlichen Poesie anderer Sprachen stehen und sich auch nicht scheuen, Sprachmischungen reflektiert einzusetzen. Mehrstimmigkeit ist angesagt statt sprachlicher Monokultur und „Reinheit".

Eine kleine Zusammenfassung:
Dichten im Dialekt, wie ich es heute verstehe, ist für mich keine Heimatpflege, dient nicht zum Schaffen von Behaglichkeit, heimatlichen Gefühlen, nicht zum Anrühren von Herz und Seele, sondern beruht auf einem eher kühlen, analytischen, zuweilen auch komischen Umgang mit dialektalen Sprachformen. Vielleicht gibt es in diesem Bereich irgendwann auch wieder mal was von mir zu lesen.

Was aber Franken und die ostfränkischen Dialekte im Speziellen anbelangt: auf keinen Fall sollte für mich die Verwendung fränkischen Dialekts ein Ausdruck von Frankentümelei, ein Mittel zum Schaffen fränkisch-separatistischer Identität und zur Abgrenzung von anderen Sprachen und Sprechern sein.
Ich hoffe, dieses Buch trägt nicht - wider seiner Absicht - zu einem solchen Denken bei.

Biographie

Klaus Gasseleder, geboren 1945 in Schweinfurt und dort aufgewachsen, studierte Germanistik und Geschichte in Würzburg und Freiburg im Breisgau. Von 1972 bis 1991 war er als Lehrer in Bremen tätig, um dann wieder nach Schweinfurt zurückzukehren. Er arbeitete dann als Autor und Journalist, lebte ab 2001 in Bamberg und ist seit 2003 in Erlangen zu Hause. Ab 2008 ist Klaus Gasseleder auch verlegerisch tätig.
Er begann in den späten achtziger Jahren (noch in Bremen) Texte in fränkischer Mundart und bald auch in Hochdeutsch zu schreiben. Er verfasste rund 30 Bücher, darunter zwei Romanen, verschiedene Erzählungen, mehrere Mundart-Gedichtbände, Wanderreise-Berichte und Aufsätze zur fränkischen Literaturgeschichte sowie Reiseführer.
Seit 2017 Herausgabe der Literaturzeitschrift „Wildleser-Almanach.

Zuletzt erschienen: Mein Rückert. Annäherungen und Entfernungen mit Gedichten von Friedrich Rückert.
Mitgliedschaften: Internationales Dialektinstitut Salzburg, VS, Rückert-Gesellschaft, Neue Gesellschaft für Literatur Erlangen.

Auszeichnungen: 2013 - Turmschreiber von Abenberg; 2003 - 2. Preis beim Dorstener Lyrikpreis; 1999 - Stipendium des Künstlerhauses Soltau.

Weitere Informationen auf www.wikipedia.de, www.literaturportal-bayern.de, www.klaus-gasseleder.de und www.baff-records.com.